Sociologische Studien.

Von

Dr. Lothar Dargun,

a. o. Professor an der Universität Krakau.

Erstes Heft.

Leipzig,
Verlag von Duncker & Humblot.
1885.

Egoismus und Altruismus

in der

Nationalökonomie.

Von

Dr. Lothar Dargun,

a. o. Professor an der Universität Krakau.

Leipzig,
Verlag von Duncker & Humblot.
1885.

Das Uebersetzungsrecht bleibt vorbehalten.

Dem Andenken

an seine Mutter

widmet diese Schrift

der Verfasser.

Ausser Stande, meiner im vorigen Jahre verstorbenen Mutter ein Denkmal zu setzen, welches an Schönheit und Dauer ihrem Verdienst und meiner Liebe entsprechen würde, wünsche ich doch an ihre Erinnerung die nachfolgende Arbeit zu knüpfen, deren Entstehen wesentlich auf die von ihr empfangene Anregung zurückzuführen ist. Wem wie mir das Schicksal gestattet hat, Jahrzehnte hindurch einer Frau zur Seite zu stehen, welche in der Aufgabe lebte, für andere zu schaffen und sie zu beglücken, und mit dem Verständniss für das Gute und Wohltätige die zu seiner Verwirklichung erforderlichen Gaben des Geistes und Charakters verband, der wird sich der Erkenntniss von der weit über den Familienkreis hinausgreifenden Bedeutung des Altruismus nicht verschliessen. Dem letzteren in theoretischer Beziehung gerecht zu werden, ist das wesentlichste Ziel meiner Schrift. Wenn durch sie ein, wenn auch noch so bescheidener, so doch bleibender Erfolg erlangt würde, wäre hiemit dem Zweck dieser Widmung, soweit meine Kraft reicht, Genüge geleistet.

Krakau im März 1885.

Lothar Dargun.

Inhalt.

	Seite
Einleitung	1—11
Erstes Capitel. Definition und kritische Würdigung der Begriffe Egoismus, Altruismus und Mutualismus	12—31
Zweites Capitel. Die Functionen des Egoismus	32—39
Drittes Capitel. Die Functionen des Altruismus	40—60
Viertes Capitel. Verhältnisse der Mischung des Egoismus mit dem Altruismus. Der Mutualismus	61—65
Fünftes Capitel. Altruismus und Egoismus im Staate	66—81
Sechstes Capitel. Altruismus und Egoismus in ihrem Verhältniss zur Ethik	82—90
Siebentes Capitel. Über das Verhältniss des Altruismus und Egoismus der wirtschaftlichen Handlungen zu deren wirtschaftlicher Nützlichkeit	91—98
Achtes Capitel. Entwickelungsgesetze	99—107

Einleitung.

Reformbewegung auf dem Gebiete der theoretischen Nationalökonomik. Identificirung der Theorie des auf Deckung des menschlichen Güterbedarfes hinwirkenden Eigennutzes mit der theoretischen Betrachtung der wirtschaftlichen Seite des menschlichen Lebens. Unrichtigkeit dieser Auffassung. Das wirtschaftliche Princip. Dasselbe umfasst die egoistischen, unmittelbar auf den eigenen Vorteil des Handelnden und die altruistischen, unmittelbar auf den Vorteil anderer Personen gerichteten wirtschaftlichen Handlungen. Die einen sowie die anderen sind isolirt zu untersuchen. Rolle der Induction in der nationalökonomischen Forschung. Weder aus dem Egoismus noch aus dem Altruismus können sämmtliche wirtschaftliche Erscheinungen erklärt werden. Constructionen der wirtschaftlichen Welt, welche nur die eine dieser Erscheinungsreihen umfassen, sind herstellbar aber unvollständig. Handlungen der Gemein-, namentlich der Volkswirtschaften sind nicht bloss historisch und descriptiv darzustellen, — als Acte blosser Willkür, zeigen vielmehr Gemeinsamkeiten, welche genügenden Stoff für die theoretische Wirtschaftswissenschaft abgeben. Daher Notwendigkeit einer künftigen Erweiterung des Gebietes der Nationalökonomik.

Seit Mengers „Untersuchungen zur Methode der Socialwissenschaften" hat sich der politischen Ökonomik eine energische und fruchtbare Reformbewegung bemächtigt, welche sich namentlich die fundamentale Aufgabe gesteckt hat, Ziele und Grenzen dieser Wissenschaft auf befriedigende Weise zu bestimmen. Die Bedeutung dieser Bewegung geht weit über das gewöhnliche Maass ähnlicher Forschungen hinaus, weil es sich hier nicht sowohl darum handelt, einer entwickelten Wissenschaft den Rahmen systematischer Anordnung zu schaffen, als vielmehr um die Frage, ob gewisse, wichtige Erscheinungsreihen in die Theorie der politischen Ökonomik einzubeziehen wären oder nicht. In die betreffende Polemik haben namentlich Sax und Dietzel eingegriffen, und die jüngst publicirten „Beiträge zur Methodik der Wirtschaftswissenschaft" des letzteren werden nicht ermangeln, verdientes Aufsehen zu erregen. Wir stimmen im Wesentlichen mit den dort gegen die historische Schule erhobenen Einwendungen überein. Auch das Verfahren, die vom wirtschaftlichen Selbstinteresse im Bereiche des freien Verkehres beherrschten wirtschaftlichen Handlungen isolirt zu betrachten, halten wir für richtig. Umsoweniger sind wir mit Dietzel und auch mit Menger über die durch jene Isolirung gewonnenen Grenzen der Wirtschaftswissenschaft einer Meinung. Menger[1]) ist der Ansicht, dass eine Theorie, „welche uns die Äusserungen des menschlichen Eigennutzes in den auf Deckung ihres Güterbedarfs hinzielenden Bestrebungen der wirtschaftenden Menschen in exacter Weise verfolgen und verstehen lehrt, uns das Verständniss einer besonderen, allerdings der wichtigsten, der wirtschaftlichen Seite des Menschenlebens, zu verschaffen die Aufgabe hat, während das Verständniss der übrigen Seiten desselben nur durch andere Theorieen erreicht werden könnte, welche uns die Gestaltungen des Menschenlebens unter dem Gesichtspunkte der übrigen Tendenzen desselben zum Bewusstsein bringen würden (z. B. unter dem Gesichtspunkte des Gemeinsinns, des strengen Waltens der Rechtsidee u. s. f.)".

Wir glauben hingegen, dass auf diese Weise gerade eine Reihe der wichtigsten Erscheinungen der wirtschaftlichen Seite des Menschenlebens gänzlich unbeachtet bliebe und in der Theorie eine Lücke entstünde, welche vom Boden des wirtschaftlichen Selbstinteresses allein nicht ausfüllbar wäre. Denn nicht bloss das Streben der im Verkehr stehenden Menschen, ihre Bedürfnisse nach stofflichen Gütern zu befriedigen, sondern allgemein das Streben der Menschen, menschliche Bedürfnisse nach stofflichen Gütern zu befriedigen, kommt als wirtschaftlicher Zweck für die Wissenschaft in Betracht. Und gerade die

---

[1]) Untersuchungen S. 78 f.

von Menger herbeigezogene Analogie der Naturwissenschaften verweist auf jene Lücke. Die auf Befriedigung des menschlichen Güterbedarfs gerichtete Tätigkeit des Menschen ist ja mit den vom wirtschaftlichen Selbstinteresse beherrschten Handlungen kei eswegs erschöpft, eine Reihe mindestens ebenso wichtiger wirtschaftlicher Handlungen ist auf Befriedigung der wirtschaftlichen Bedürfnisse anderer gerichtet. Dietzel hat den Gegensatz formulirt, indem er dem wirtschaftlichen Princip, welches vorschreibt, mit dem geringsten Aufwand von Vermögen — sagen wir lieber von Vermögenswert — den grössten Vermögenszuwachs für sich zu gewinnen, das wirtschaftliche Princip entgegenstellt, wonach mit dem geringsten Vermögensaufwand der grösste Vermögenszuwachs für andere erstrebt wird[1]). Aus dieser Formulirung ziehen wir die entsprechenden Consequenzen. Das wirtschaftliche Princip, welches den obersten Begriff der Wirtschaftswissenschaft bildet, hat zu lauten: Wirtschaftlich handeln heisst, mit möglichst geringem Aufwand an Vermögenswert nach Beschaffung möglichst reichlicher materieller Mittel zur menschlichen Bedürfniss-Befriedigung streben. Nach der Unterscheidung, ob dieses Streben als nächstes Ziel den wirtschaftlichen Vorteil des Handelnden selbst oder den anderer Personen zum Gegenstande hat, soll im Folgenden versucht werden, eine durchgreifende Classification der wirtschaftlichen Handlungen durchzuführen.

Die englischen Theoretiker waren sich „des rechten Weges wol bewusst", als sie speciell die Erscheinungen des freien Verkehrs untersuchten, um die ökonomischen Wirkungen des Selbstinteresses kennen zu lernen, während sie die altruistischen Erscheinungen aus dem Spiele liessen, da das frei wirkende Selbstinteresse an den Erscheinungen des Verkehrs am klarsten hervortritt. War einmal die Wirksamkeit des wirtschaftlichen Selbstinteresses festgestellt, so konnte man, wo immer es nicht durch andere Tendenzen zurückgedrängt wird, die darauf beruhenden Erscheinungen vorausbestimmen. Alle Erscheinungen menschlicher Wirtschaft aber, also auch diejenigen, welche altruistischer Natur sind, aus dem Selbstinteresse erklären zu wollen,

---

[1]) Jahrbücher f. Nationalökonomie u. Statistik IX. Bd. 1884. S. 256.

wäre gewiss ein unrichtiges Vorgehen. Wenn jemand darum, weil die Wärme eine im ganzen Weltall wirkende Kraft ist, sämmtliche Bewegungen hypothetisch durch die Wärme erklären wollte, unter Ausserachtlassung der Schwerkraft und der übrigen Kräfte, würde er zu keinem brauchbaren Resultate gelangen. Die Isolirung der zu untersuchenden Kraft muss, soll sie zum Ziele führen, doppelter Art sein: Erstens muss die Untersuchung auf diese eine Kraft oder Erscheinungsreihe gerichtet sein, unter möglichster Abstraction von mitwirkenden Erscheinungen anderer Art, zweitens darf die Untersuchung nicht alle Fälle umfassen wollen, wo das zu untersuchende Phänomen auftritt, sondern bloss diejenigen, wo es am schärfsten, am deutlichsten, am einflussreichsten auftritt, wo die übrigen, die Untersuchung störenden Einflüsse am schwächsten sind; hier ist die erstere Abstraction am leichtesten durchzuführen, von dem hier gewonnenen Ergebniss aus wird auch die Erklärung der complicirteren Fälle leichter gelingen. Deshalb wird man, will man die Rolle des Altruismus im wirtschaftlichen Leben kennen lernen, diejenigen Gebilde der Wirtschaft zu studiren haben, in denen er am schärfsten hervortritt, ebenso wird man die Bedeutung des Eigennutzes dort erfassen, wo er am deutlichsten auftritt, nämlich beim Tausch. Will man also den Altruismus kennen lernen, so wird man die Tatsachen des wirtschaftlichen Lebens studiren, welche unter den Egoismus nicht subsumirbar sind, und sie auf ihre Gemeinsamkeiten hin prüfen. Der Induction muss überhaupt ein weiterer Spielraum eingeräumt werden, als derjenige, den ihr Menger einräumen will. Sie schafft der Deduction naturgemäss ihre Grundlagen. Die mit ihrer Hülfe erzielten Folgerungen sind zwar nicht exact im Sinne der Deduction, aber, wenn in correcter Weise vorgenommen, hinlänglich sicher, um jedem practischen und wissenschaftlichen Gebrauch Genüge zu leisten. Auch die Lehre vom Selbstinteresse stützt sich nicht bloss auf Deduction, sondern teilweise auf sehr lange, sehr klare, sehr vielseitige und sorgfältige Beobachtungen. Man hat zu erforschen gesucht, ob und in wiefern die wirtschaftlichen Handlungen vom Egoismus tatsächlich beeinflusst werden und eine Reihe von wirtschaftlichen Erscheinungen wirklich auf

Egoismus zurückgeführt. Damit wurde nun die exacte Methode verbunden, indem man feststellte, was für Folgen unter gewissen, gegebenen Voraussetzungen eintreten müssen, eine Folgerung, die ebenso unabhängig blieb von den augenblicklichen Gestaltungen der Wirtschaft als irgend ein am Weg der Induction gefundenes Gesetz. Die Ordnung des Verfahrens war übrigens nicht selten umgekehrt: aus der Natur der als herrschend vorausgesetzten egoistischen Grundsätze wurde auf die daraus hervorgehenden wirtschaftlichen Erscheinungen geschlossen, die Erfahrung des tatsächlichen Wirtschaftslebens lieferte dann die Probe zu dem deductiven Calcül und gewisse Incongruenzen zwischen dem was wirklich war und dem was jenem Calcül gemäss hätte sein sollen, führten darauf, dass der Egoismus als einziger Ausgangspunkt für Erklärung der Wirtschaft nicht hinreiche. Es entstand die Kritik der historischen Schule, die nun freilich das Kind mit dem Bade ausschütten wollte. Es handelt sich hier nicht um eine Beseitigung, sondern um eine Beschränkung.

Ein unbilliges, ja überhaupt unerfüllbares Verlangen wäre es andererseits, aus dem Altruismus auch jene wirtschaftlichen Erscheinungen erklären zu sollen, in welchen er eine höchst untergeordnete Rolle spielt. Isoliren wir eine einzelne Erscheinungsreihe, so tun wir es doch nicht deshalb, um aus ihren Gesetzen die Gesammtheit der Erscheinungsreihen zu erklären, sondern um sie selbst in ihrer Eigentümlichkeit kennen zu lernen. Wir können uns leicht eine wirtschaftliche Welt construiren, welche nur durch die egoistischen und eine andere, welche nur durch die altruistischen Erscheinungsreihen beherrscht und ausgefüllt würde, aber in der ersteren werden die altruistischen, in der letzteren die egoistischen Erscheinungsreihen fehlen. Der wirklichen Welt der Wirtschaft würde offenbar keine dieser Constructionen auch nur annähernd entsprechen. Mit Unrecht, wie wir glauben, hat daher Dietzel denjenigen, welche eine Theorie des Altruismus als Teil der Wirtschaftswissenschaft verlangen entgegengehalten[1]), dass sie nicht im Stande sind, aus dem Altruismus allein den Verlauf von Erscheinungen vorauszubestimmen,

---

[1]) l. c. S. 256.

welche sich in der menschlichen Wirtschaft nicht in altruistischer Weise, sondern nach den wirtschaftlichen Grundsätzen des Selbstinteresses vollziehen. Ein Argument gegen die Zugehörigkeit einer Theorie des Altruismus in die Wirtschaftswissenschaft liegt darin ebenso wenig, als etwa durch die Tatsache, dass den Wirkungen des wirtschaftlichen Selbstinteresses die wirtschaftliche Tätigkeit des Staates nicht subsumirt werden kann, eine entsprechende Behandlung jener Wirkungen in der Theorie ausgeschlossen würde. Der Altruismus bedarf einer gesonderten theoretischen Betrachtung innerhalb der Wirtschaftswissenschaft, gemäss Mills von Dietzel citirtem Satze: „Wenn eine Wirkung von einem Zusammenwirken von Ursachen abhängig ist, so müssen diese Ursachen einzeln studirt und ihre Gesetze separirt erforscht werden, wenn wir durch die Ursachen das Vermögen, die Wirkungen vorauszusagen oder zu beherrschen zu erlangen wünschen, indem das Gesetz der Wirkung aus den Gesetzen aller sie bestimmenden Ursachen zusammengesetzt ist." Aufgabe unserer Studie soll es sein, zu zeigen, dass die Wirkung: Befriedigung des menschlichen Güterbedarfes, auf zwei grosse Ursachengruppen zurückzuführen ist: Das Handeln für sich selbst und das Handeln für andere, deren erste wir als egoistische, deren zweite wir als altruistische Erscheinungsreihe bezeichnen, deren jede wir gesondert, doch als Teil derselben Wirtschaftswissenschaft zu behandeln haben, wenn wir die gemeinsame Wirkung entsprechend zu erklären befähigt sein wollen. Um so weniger wird dies vermieden werden können, als ein offenbarer Widerspruch darin läge, zuzugeben, dass gewisse Erscheinungsreihen ausserhalb des eigentlichen Verkehrslebens der wirtschaftlich activen Subjecte wirtschaftlicher Natur sind, andererseits diese Erscheinungsreihen von vorn herein in andere Socialtheorieen zu verweisen und hiermit aus der Wirtschaftswissenschaft auszuschliessen. Auch wir wollen uns nur um die Handlungen der wirtschaftlich aktiven Klasse kümmern, aber um alle ihre wirtschaftlichen Handlungen, auch um diejenigen, welche zum Verkehrsleben nicht gehören.

Freilich, wäre das wirtschaftliche Wesen des Staates, der öffentlich rechtlichen Corporation überhaupt, sowie anderer altruistischer Gebilde rein dem Zufall und der Willkür der Gesetzgeber überlassen, dann wäre es hoffnungslos irgend eine gemeinsame Tendenz in ihrer wirtschaftlichen Tätigkeit zu suchen; dann hätte Dietzel vollkommen Recht, wenn er das, was er Volkswirtschaft nennt, nur dem politischen Teil der Nationalökonomik oder der historischen Specialforschung überweisen wollte. Über die blosse Beschreibung käme man da nicht hinaus. Gegen jeden Versuch, Gesetze des altruistischen Wirtschaftslebens zu erforschen, wäre dann der Einwand berechtigt, „dass nur so weit der Verkehr frei ist Phänomene auftreten, welche der causalen Analyse bedürfen" und ferner, „dass einzig und allein, so weit den Individuen der freie Wettbewerb, die nur vom wirtschaftlichen Interesse geleitete Ausnutzung der Verkehrsconjuncturen allgemein und principiell erlaubt ist und tatsächlich geübt wird, allgemeine Gesetze principiell möglich sind. Dieser Zustand biete allein den Stoff für das wirtschaftswissenschaftliche Forschen und in ihm allein liege die Möglichkeit vor, wirtschaftliche Causalitätsreihen in der Form allgemeiner, für die Gesellschaft gültiger „Gesetze" zur Erkenntniss zu bringen, daher müsse die Untersuchung das System der freien Concurrenz allein in Betracht ziehn[1]."

„Wozu", wird ferner vom gleichen Gesichtspunkte aus gefragt, „soll ein Lehrsatz des Inhaltes, dass auf das wirtschaftliche Phänomen A das wirtschaftliche Phänomen B folgen müsse, dienen in einem Gesellschaftszustand, in welchem die Willenssubjecte aus dem oder jenem Grund wirtschaftlich zu reagiren verhindert sind[2]?"

All diesen Bedenken gegenüber erinnern wir daran, dass auch die Handlungen der Collectivwirtschaften Handlungen von Menschen sind, welche gewissen wirtschaftlichen Interessen folgen. Wenn also auch den „socialisirten Individuen die Möglichkeit der Geltendmachung des eigenen wirtschaftlichen Interesses in ihren Verkehrsakten principiell abgeschnitten ist", so folgt daraus doch nicht, dass sich nicht Gesetze für die Handlungen von

---

[1] a. a. O. 228. — [2] daselbst S. 240.

Collectivwirtschaften, sowie für das altruistische Handeln Einzelner feststellen lassen, welche gerade so gut wie die des freien egoistischen Verkehrs Gesetze der menschlichen Wirtschaft sein werden. Zwar ist es selbstverständlich richtig, dass die Theorie der freien Concurrenz mit allen ihren Consequenzen nur so weit anwendbar sein wird, als wirtschaftlich freie Concurrenz besteht, aber nicht die gleiche Grenze existirt für die abstracte nationalökonomische Analyse. Dieselbe wird sich sofort der altruistischen Wirtschaftsformen bemächtigen, sobald die betreffende Erscheinungswelt in ökonomischer Beziehung unter gemeinsame Begriffe vereinigt und auf diese Weise das entsprechende Untersuchungsgebiet abgesteckt sein wird. Es wäre in der Tat eine einzige, schwer begreifliche Ausnahme im Gebiete des gesammten menschlichen Wissens, wenn man gerade hier darauf verzichten müsste, Regelmässigkeiten und Gleichförmigkeiten zu entdecken, welche einer theoretischen Behandlung entsprechenden Raum gewähren. Die kritische Stellung der Forscher, welche diese Möglichkeit von vorn herein ablehnen, ist nicht unähnlich derjenigen der modernen, historischen Schule gegenüber der englischen Theorie. Die letztere habe, behauptet die historische Schule, eine concrete Wirtschaftsform, die moderne, ihren Gesetzen zu Grunde gelegt und so vermeint allgemein Gültiges zu finden, während ihre Sätze nur relative Gültigkeit haben[1]. Tatsächlich aber hat die socialökonomische Theorie keine concrete Wirtschaftsform beschrieben, namentlich nicht die Wirtschaftsform der Jetztzeit. Sie hat die Erscheinungen der egoistischen Wirtschaft im Zustande des freien Verkehrs in ihrer Gesetzmässigkeit zu erfassen gestrebt; wenn ihre Schlüsse richtig sind, werden sie in jeder Wirtschaft zutreffen, sofern die gemachten Voraussetzungen zutreffen. Ebenso meint namentlich Dietzel, man könne die Volkswirtschaften nur einzeln studiren, denn ihre Gestalt werde durch die Gesetze der Staatsgewalt, durch Recht und durch Sitte bedingt, sie erweiterten und verengerten ihre Grenzen mit denen des Staates, ihre Dauer falle mit derjenigen des Staates zusammen[2].

---

[1] a. a. O. 227. — [2] daselbst 229.

In Wahrheit aber bindet sich die theoretische Betrachtung der Volkswirtschaft an keine concrete, keine einzelne Volkswirtschaft. Die Volkswirtschaften unterscheiden sich vielmehr in wirtschaftlicher Beziehung nicht mehr von einander, als sich etwa die concreten Märkte von einander unterscheiden. Wie in den concreten Märkten das wirtschaftliche Selbstinteresse als Grundprincip vorwaltet, so in den Handlungen der Volks- und überhaupt aller Collectivwirtschaften das wirtschaftlich altruistische Interesse. Das Zugrundegehen der einzelnen Volkswirtschaft ist ebensowenig das Zugrundegehen der Volkswirtschaft, als das Absperren oder die Vernichtung eines einzelnen Verkehrsgebietes ein Aufhören des Verkehrs ist. Die s. g. Volkswirtschaft ist übrigens nur eine Abart der altruistischen Wirtschaften, welche sich, gleich dem Verkehr, über die ganze Menschheit erstrecken.

Noch auf andere Weise wird versucht, die Beschränkung der Theorie auf das Gebiet des Selbstinteresses zu rechtfertigen. Dietzel wirft nämlich die Frage auf, ob in einem Staat, der tatsächlich ohne wirtschaftlichen Verkehr wäre, wenn gleich rechtlich demselben kein Hinderniss im Wege stünde, sociale Phänomene wirtschaftlicher Art sich zeigen würden, welche ein Object der Analyse böten; dass dies nicht der Fall wäre, wird nun an den mutmasslichen Folgen einer Missernte in einem solchen Staate erwiesen[1]). Aber diese ganze Argumentation geht von einem nicht dagewesenen und wahrscheinlich niemals bevorstehenden Zustande aus. Ein Staat, in welchem weder ein freier Verkehr, noch ein organisirter Verkehr existirt hätte, war niemals vorhanden. Der Verkehr ist älter als irgend ein Staat und wird voraussichtlich jede vorübergehende Staatsform überdauern. Anders steht es nun mit dem darauf folgenden Beispiel des socialen Staates, in dem der Wirtschaftsverkehr organisirt und gebunden ist. Hier dürften sich aus der altruistischen Natur des Staates Grundsätze ableiten lassen, nach welchen jeder solche Staat die Verteilung der Producte vornehmen müsste, so verschieden sich auch im Leben Einzelnes gestalten könnte. Dieses Phänomen wäre allerdings kein sociales im

---

[1]) a. a. O.

Sinne Dietzels, wol aber ein wirtschaftliches Phänomen und ein sociales Phänomen in dem gewöhnlich acceptirten Sinne¹). Selbst wo Herkommen und Sitte den volkswirtschaftlichen Process beherrschen, ist das Auffinden von allgemeinen Gesetzen nicht ausgeschlossen, sofern Herkommen und Sitte Ausdruck des altruistischen und mutualistischen Interesses gewisser Kreise sind, zu deren Gunsten die Abweichung von den Regeln der freien Concurrenz stattfindet. Hingegen glauben wir, dass die Wirkungen des Monopols und der Coalition aus den bekannten Gesetzen des Angebots und der Nachfrage erklärbar sind — eine Frage, deren Erörterung hier zu weit führen würde. Ob nicht gewisse Erscheinungsreihen, welche ausserhalb des Gebietes des Altruismus und ausserhalb desjenigen der freien Concurrenz stehen, z. B. Höhe des Lösegeldes, Einfluss des Schmuggels auf die Waarenpreise, Bewegungen des Wucherzinses, Preis des Wassers in der Wüste, Liebhaberpreise u. dgl.²) zum Teil Anwendungsfälle bekannter Gesetze, zum Teil aus der Natur des Selbstinteresses in ihrer Eigentümlichkeit klarzulegen seien, wollen wir dahingestellt sein lassen. Sie fallen sämmtlich nicht in das Gebiet des Altruismus, auf dessen Geltendmachung es uns in erster Linie ankommt.

Aus dem Gesagten erhellt, wie unvollkommen eine nationalökonomische Theorie ist, welche „nur ein Institut als selbstverständlich voraussetzt: Persönliche Freiheit der Individuen im Besitz von Privateigentum und im Abschluss von Verträgen". Eine solche Theorie ignorirt geflissentlich alle wirtschaftlichen Institute, alle wirtschaftlichen Gesetze und Anstalten, sie rechnet allein mit der wirtschaftlichen Kraft der Individuen. Was gegenwärtig Nationalökonomik heisst, ist Ökonomik des frei waltenden Selbstinteresses, nicht Ökonomik schlechtweg, ein blosser Bruchteil von dem was sie sein sollte. Sie hat in grosser Regel die wirtschaftliche Bedeutung der Corporation und Familie nicht

---

[1]) Gegen den Ausdruck Socialwirtschaft im Sinne von „Verkehrsgesellschaftswirtschaft" (l. c. S. 228 f. Note 2) ist nichts einzuwenden, als dass er die Täuschung hervorruft, als würde er die gesammte wirtschaftliche Tätigkeit des vergesellschafteten Menschen unter sich begreifen, was ganz und gar nicht der Fall ist. — [2]) a. a. O. 251.

berücksichtigt, weil diese machtvollen Factoren in den engen, durch die ausschliessliche Beachtung des Einzelindividuums gegebenen Schranken nicht untergebracht werden konnten; sie war also nicht erschöpfend, sich dennoch der Täuschung hingebend es zu sein. Schaeffle und Wagner haben den ersten entschiedenen Fortschritt darüber hinaus unternommen, obzwar Anläufe hiezu auch bei den früheren Nationalökonomen nicht fehlen, und so dürfen wir uns wol der Hoffnung hingeben, dass im Laufe der Zeiten eine Theorie des gesammten altruistischen Wirtschaftsgebietes geschaffen werden wird. Dieselbe wird natürlich von Anfang Lücken und Risse genug aufzuweisen haben, aber nicht vor Alter, sondern vor Neuheit. Die folgenden Ausführungen sind weit entfernt davon eine Lösung der Aufgabe erreichen zu wollen. Vielmehr handelt es sich bloss darum, dem Altruismus ein für alle mal das Bürgerrecht in der socialökonomischen Wissenschaft zu verschaffen, sowie um das Abstecken des neuen Gebietes und den Hinweis auf Wege, welche, wenn schon zu wenig beachtet, so doch tatsächlich nicht ganz ungebahnt sind und gewiss auch ferner von berufener Seite zu gutem Ende weiter geführt werden sollen. Das ganze Ziel der nationalökonomischen Wissenschaft hätte dann einer Änderung zu unterliegen. Ihre Lehrsätze werden nicht bloss die Wirkungen des freien Selbstinteresses darzustellen haben, sondern allgemein die Wirkungen des nach dem wirtschaftlichen Princip erfolgenden Strebens nach Beschaffung der materiellen Mittel zur Befriedigung der menschlichen Bedürfnisse. Erst, wenn das geschehen, wird man mit Recht von einer Socialökonomik — oder, wenn man bei der bisherigen Terminologie verharren will, Nationalökonomik, im Sinne einer allgemeinen Wirtschaftswissenschaft sprechen dürfen.

Erstes Capitel[1]).

Definition und kritische Würdigung der Begriffe Egoismus, Altruismus und Mutualismus.

Begriff des Egoismus und Altruismus. Maassgebend hierfür der nächste Zweck des Handelnden. Der wirtschaftliche Charakter der egoistischen Handlung wird dadurch, dass sie Mittel zum altruistischen Zweck ist, der Charakter der altruistischen Handlung dadurch, dass sie Mittel zu egoistischen Zwecken ist, keineswegs verändert. Beispiele. Wagners caritatives System. Wirtschaftliche Irrelevanz der entfernteren Motive. Die Arten des Egoismus: Selbstsinn, Eigennutz, Selbstsucht. Die Arten des Altruismus. Vereinigung von Egoismus und Altruismus in einer Handlung: Mutualismus. Notwendigkeit der strengen Unterscheidung des altruistischen und egoistischen Elements. Diesbezügliche Kritik der Lehren von Knies, Roscher, Wagner, Schaeffle, Sax. Individualismus und Collectivismus in ihrem Verhältniss zu Egoismus und Altruismus.

Gegenstand der Nationalökonomik sind die wirtschaftlichen Handlungen der Menschen, das sind jene Handlungen, welche auf Beschaffung der materiellen Mittel zur menschlichen Bedürfnissbefriedigung gerichtet sind. Beherrscht werden alle diese Handlungen von dem Grundsatze der Wirtschaftlichkeit, d. h. von dem Grundsatz, nach welchem der Handelnde strebt, mit

---

[1]) Ich kann nicht umhin, an dieser Stelle des wertvollen Rates zu gedenken, mit dem mein lieber Freund Dr. Meinong, Professor der Philosophie in Graz, bei Formulirung der in diesem Capitel aufgestellten Grundbegriffe mir an die Hand ging. Die wissenschaftliche Verantwortung für sämmliche Positionen habe selbstverständlich ich allein zu tragen.

dem geringsten Aufwand an Kraft und Stoff den vollkommensten wirtschaftlichen Erfolg zu erzielen.

Die ganze Nationalökonomie setzt sich aus zwei gewaltigen Erscheinungsreihen zusammen, deren eine auf dem Streben des Menschen nach Beschaffung der materiellen Mittel zur eigenen Bedürfnissbefriedigung, deren andere auf seinem Streben nach Beschaffung dieser Mittel zur Bedürfnissbefriedigung anderer Personen beruht. Der Complex von Handlungen, der den eigenen, ökonomischen Vorteil des Handelnden zum nächsten Ziele hat, heisst wirtschaftlich egoistisch, der Complex von Handlungen, der den ökonomischen Vorteil anderer Personen zum nächsten Ziele hat, wirtschaftlich altruistisch. Diese Unterscheidung deckt sich nicht mit dem was in der Philosophie egoistisch und altruistisch genannt wird und genügt nicht der feineren psychologischen Analyse. Allein sie entspricht tatsächlich dem, was die Volkswirtschaftslehre unter Egoismus zu verstehen pflegt und erfasst zugleich die für die Nationalökonomie wesentlichsten Vorgänge, d. i. Erzeugung, Erwerbung und Verteilung der wirtschaftlichen Güter. Der wirtschaftliche Charakter und die wirtschaftliche Wirkung einer Handlung wird wesentlich durch ihr nächstes Ziel bestimmt, welches in der Regel sicher constatirbar ist und sich in unzweideutigen Vorgängen äussert. Aus diesen Gründen haben wir es unserer Einteilung zu Grunde zu legen, ohne darnach zu fragen, ob die egoistische Handlung nicht in weiterer Folge anderen Personen, die altruistische nicht schliesslich dem Handelnden selbst zu Gute kommen solle. Doch haben wir die vielen wirtschaftlichen Handlungen, soweit sie die erwähnte Beschaffung der materiellen Güter nur vermitteln sollen, nicht an und für sich, sondern nach der Natur jenes nächsten Zwecks zu beurteilen. Darum haben wir oben von einem Complex von Handlungen gesprochen und überall, wo weiterhin von einer egoistischen oder altruistischen Handlung die Rede ist, soll damit die Gesammtheit der einen Vermögensvorteil bezweckenden Handlungen gemeint sein. Die hiemit in der Vermögenssphäre bewirkten Änderungen sind zum grossen Teil vom Recht als Geschäfte unter besonderen Namen erfasst und classificirt worden. Jede altruistische oder egoistische Handlung (zum mindesten der Individuen) mit Ausnahme der weiter unten definirten „selbstsinnigen", ist zugleich ein Rechtsgeschäft. Mit Vollendung desselben ist in der Regel der nächste Zweck des wirtschaftlichen Handelns erreicht. Was zum Rechtsgeschäft führt und zu diesem gehört bildet eben jenen Complex von Handlungen, der eine einzige wirtschaftlich relevante Änderung hervorruft und nach seinem nächsten Zweck egoistisch oder altruistisch genannt werden soll.

Jene Beschränkung auf den nächstliegenden Zweck wird uns durch die Erwägung geradezu aufgezwungen, dass gewisse fundamentale Erscheinungen der Wirthschaft, namentlich die Erscheinungen des Marktes, die Bildung des Tauschwertes, folglich auch der Preise nur auf diese Weise richtig gewürdigt werden können, da hiebei die wirtschaftlichen egoistischen Handlungen, ohne Rücksicht auf ihren weiteren Zweck, entscheiden.

Stehen zwei wirtschaftliche Akte derart in causaler Verbindung, dass ein egoistischer Akt einem altruistischen, oder umgekehrt ein altruistischer einem egoistischen als Mittel zu dienen bestimmt ist, so werden wir doch die durch beide Akte hervorgebrachte wirtschaftliche Veränderung nur dann richtig zu schätzen vermögen, wenn wir jeden derselben insbesondere in Betracht ziehen. Denn anders wird in wirtschaftlicher Beziehung gehandelt und andere Folgen zieht die Handlung nach sich, wenn man den eigenen Nutzen, anders, wenn man den Nutzen anderer Personen als nächsten Zweck verfolgt. Die Gesammtheit der egoistischen Handlungen der Gesammtheit der altruistischen gegenüber verleiht jeder Volkswirtschaft ihr eigentümliches Gepräge. Die Verteilung der wirtschaftlichen Güter, welche zwar nicht die einzig relevante, aber doch eine der wichtigsten Erscheinungen des Wirtschaftslebens ist, wird auf diese Weise am richtigsten beurteilt werden können. Wie ein Kaufmann Einnahmen zu buchen hat, welche bestimmt sind, sofortige Ausgaben zu decken, daher eventuell der nämliche Posten zweimal, einmal unter „Haben", einmal unter „Soll" erscheint, so muss die egoistische Bereicherung als egoistisch in Rechnung gezogen werden, wenn sie auch dem Altruismus als Mittel zu dienen bestimmt ist. Weitere Analoga bietet die Statistik, die durchwegs genötigt ist, die mannigfachsten Motive zu ignoriren, wenn es sich um Zusammenfassung von gleichartigen Erscheinungen handelt.

Egoistisch werden wir also die Handlung desjenigen nennen, der die Absicht hegt, alles für sich Gewonnene für andere zu verwenden, ganz ebenso als wenn er es für sich verwenden wollte. Der heilige Crispinus handelte egoistisch, als er den Reichen Leder stahl, um den Armen Schuhe daraus zu machen. Egoistisch wird die Handlung des Familienvaters heissen, der Tag und Nacht darüber gesonnen hat, ein gewinnbringendes Geschäft abzuschliessen, nur um seine Tochter ausstatten zu können und der nun das Geschäft geschlossen und die Ausstattung gegeben hat. Die letztere Verwendung dagegen ist altruistisch. Hätte aber der Geschäftsmann das Gewonnene zum eigenen persönlichen Behagen oder zum Vorteil seines Unternehmens verwendet, d. h. also, würde der Gewinnst zum Mittel für weitere, egoistische Handlungen, jenes Geschäft wäre dadurch keineswegs egoistischer geworden. Vermehrung des eigenen Vermögens war jedenfalls der nächste Zweck desselben.

Als altruistisch werden wir es hingegen anerkennen müssen, wenn jemand z. B. eine woltätige Anstalt gründet, um unter den Concurrenten um Übernahme einer Lieferung oder Staatsanleihe bevorzugt zu werden; wenn ein Unternehmer eine Schule, ein Casino, einen Vorschussverein gründet, um die gegen ihn aufgebrachten Arbeiter zu besänftigen und zu hindern, dass sie ihm Feuer aufs Dach legen. Altruistisch ist danach auch die Teilnahme an Woltätigkeitsbällen, Woltätigkeitsconcerten oder Woltätigkeitsbazaren, welche in der Regel von wirklichem Wolwollen so weit entfernt ist. Der wirtschaftliche Vorteil ist eine mathematisch messbare Grösse und so klar wie plus und minus. So fassen wir denn das Gleichartige zusammen, denn im Budget des Volkes gilt es gleich, ob ein Mann Hunderttausend zu woltätigem Zwecke spendet, um Reclame zu machen, oder aus wahrer Mildherzigkeit, ganz so wie es gleichgiltig für das Staatsbudget ist, ob jemand aus Furcht oder aus Pflichteifer pünktlich Steuern zahlt. Es gilt hier das „non olet" des vespasianischen Steuergoldstücks.

Man hat nun allerdings vielfach das Moment des Wolwollens,

der Sympathie u. dgl. als kennzeichnend für altruistische Handlungen in den Vordergrund geschoben, allein doch nur auf Kosten der Consequenz. Schliesslich war man doch wieder genötigt, die mit dem Wolwollen in keinem notwendigen Zusammenhang stehende Richtung auf das materielle Wolsein anderer — und zwar als nächsten Zweck — als massgebend anzuerkennen.

Ein Beispiel hiefür liefert das caritative System Adolf Wagners. Dasselbe soll einen Gesammtnamen für die durch „Gemeinsinn, das religiöse Motiv, Liebe, Humanität erfolgenden Erwerbsarten" abgeben[1]). Tatsächlich genügt diese Fassung dem systematischen Bedürfniss der Wissenschaft nicht und in § 116 lehrt Wagner gewiss viel richtiger, dem caritativen System liege das rein objective Moment der freien (unentgeltlichen oder nicht voll entgoltenen) Hingebung und Empfangnahme wirtschaftlicher Güter seitens der an den Einzelwirtschaften dieses Systems beteiligten Personen zu Grunde. Letztere Bestimmung ist dem, was wir Altruismus nennen, innig verwandt, entspricht auch wirklich dem, was bei Wagner caritativ heissen soll, im Gegensatz zur ersteren[2]).

Das Gleiche gilt von unserem Begriff des Egoismus und dem gemeinen des wirtschaftlichen Selbstinteresses. Das wirt-

---

[1]) Wagners Volkswirtschaftslehre I, § 10. — [2]) Das Fehlen einer scharfen Unterscheidung zwischen Handlungen zum wirtschaftlichen Vorteil anderer und Handlungen, welche aus Sympathie für andere entspringen, hat nach verschiedenen Richtungen hin verwirrend gewirkt. So hat man den Socialisten entgegengehalten, dass der von ihnen geplante Staat auf Sympathie und Brüderlichkeit begründet werden müsste, um bestehen zu können. Das aber würde eine vollständige Umwandlung der menschlichen Natur voraussetzen, zu welcher nicht einmal ein Ansatz bemerkbar sei. Dies ist gewiss unbestreitbar. Eine ganz andere Frage ist es jedoch, ob es nicht möglich wäre, eine zu organisirende Volkswirtschaft auf den Altruismus zu begründen, denn wie ein von Wolwollen gegen die Nebenmenschen erfüllter Mann dem Princip des Egoismus in Geschäftssachen huldigen kann, so kann der selbstsüchtigste Mensch genötigt werden, altruistisch zu handeln, oder gern so handeln, weil es seinem Interesse entspricht. Nur Herrschaft des Altruismus, nicht Herrschaft der Sympathie wäre Voraussetzung des utopischen socialistischen Staates. Die Polemik gegen denselben soll mit dieser Wahrheit sorgfältig rechnen, wenn sie von Erfolg begleitet sein will.

schaftliche Selbstinteresse, Eigennutz, Egoismus, Streben nach dem höchsten eigenen Nutzen bei geringstem wirtschaftlichen Opfer, das Vorgehen nach dem Grundsatz der speciellen Entgeltlichkeit von Leistung und Gegenleistung, oder wie man noch sonst die unserem Egoismus entsprechende Tendenz benannt hat, bezieht sich durchwegs auf den nächsten Zweck der wirtschaftlichen Handlungen. Was der vom „Selbstinteresse" Geleitete mit dem Erworbenen weiter schaffen wolle, darauf hat man bei der wirtschaftlichen Beurteilung der Handlung keine Rücksicht genommen.

Folgerichtig hätte man dem Egoismus, d. h. den zunächst auf eigenen Vorteil gerichteten Handlungen, die zunächst nach dem wirtschaftlichen Vorteil anderer strebenden Handlungen: den Altruismus, entgegensetzen sollen. Statt dessen schob man in der Regel, sofern man nicht die theoretische Behandlung des Altruismus principiell ablehnte, eine Reihe verschiedenartiger psychischer Motive vor, wie Gewissen, Liebe und andere. Die weitere Folge davon war, dass eine Menge der wichtigsten wirtschaftlichen Vorgänge, die weder egoistisch sind, noch jenen moralischen Motiven entspringen, überhaupt nicht in die theoretische Betrachtung einbezogen werden konnte und jene klaffende Lücke entstand, deren Ausfüllung die erste Aufgabe der theoretischen Nationalökonomik bilden sollte.

Man muss sich stets gegenwärtig halten, dass sowol dem Altruismus als auch dem Egoismus psychische Motive der mannigfachsten Art zu Grunde liegen können, ohne den wirtschaftlichen Effect der Handlung zu beeinflussen. Ob ein Mann Frau und Kinder versorgt, weil er sie liebt, oder weil er sich dem Bann der gesellschaftlichen Gewohnheit anpasst, aus Furcht vor dem Tadel der Welt, die wirtschaftliche Wirkung bleibt die nämliche. Frömmigkeit oder klug berechnende Politik, Prahlsucht und Eitelkeit, wirkliche Menschenfreundlichkeit, ja selbst Hass, etwa gegen Verwandte, die man auf diese Weise des Erbes berauben möchte, können Motive ökonomisch gleicher, liberaler Handlungen werden. Es gibt, so weit wir sehen, keine Klasse wirtschaftlicher Handlungen, welche speciell durch dieses oder jenes Motiv veranlasst würde und durch kein anderes veranlasst werden könnte, umgekehrt gibt es schwerlich ein psychisches Motiv, welches nur einerlei und immer dieselben wirtschaftlichen Handlungen erzeugte, wodurch allerdings eine Untersuchung der wirtschaftlichen Wirkungen der einzelnen psychischen Motive durchaus nicht ausgeschlossen wird.

Das eine aber ist klar, dass mit unserem Egoismus und Altruismus keine eigentümliche psychische Triebkraft bezeichnet sein soll, sondern bloss der in wirtschaftlicher Beziehung massgebende Umstand, für wen zunächst gehandelt wird. —

Unter den Ordnungsbegriff Egoismus fallen die Gattungen Selbstsinn, Eigennutz oder Egoismus i. e. S., unter den Begriff Altruismus fällt gleichfalls eine Reihe von, den Gattungen des Egoismus entgegengesetzten Begriffen, so namentlich Selbstlosigkeit, Uneigennützigkeit und die dem Selbstsinn analoge altruistische Tendenz[1]). Die beständige Verschiebung der wirtschaftlichen Verhältnisse nach der einen oder anderen Seite, das schrittweise Zurückweichen des Egoismus bei entsprechender Zunahme der altruistischen Erscheinungen, bildet den Inhalt der modernen Wirtschaftsgeschichte. Handelt jemand für sich selbst in einer Sache, welche anderen Personen weder direkt nützen noch schaden kann, weil wirtschaftliche Interessen solcher Personen dabei gar nicht oder doch nur mittelbar in Betracht kommen, so liegt eine eigentümliche Form von Egoismus vor, welche wir Selbstsinn nennen. Kommen hingegen bei einer Handlung bereits Interessen anderer Personen in Betracht, so wird der Handelnde zu ihnen in irgend ein Verhältniss treten müssen, welches entweder unter den Begriff des Egoismus allein, oder unter den des Altruismus allein fällt, oder aber eine Mischung dieser beiden Grundformen ergibt. Handelt man hier rein egoistisch, d. h. hat man den eigenen ökonomischen Vorteil entweder ohne jede Rücksicht auf den Nutzen oder möglichen Schaden anderer, an der Handlung interessirter Personen, oder mit dem vollen Bewusstsein, dass sie dadurch Schaden leiden werden, als nächsten

---

[1]) Unter Egoismus soll im Folgenden stets wirtschaftlicher Egoismus, unter Altruismus wirtschaftlicher Altruismus verstanden werden, wo nicht aus dem Text das Gegenteil hervorgeht.

Zweck im Auge, so wird diese Handlungsweise im ersteren Fall eigennützig (egoistisch i. e. S.), im letzteren selbstsüchtig genannt. Eigennutz oder Egoismus i. e. S. nennen wir denjenigen Egoismus, der dem fremden Vorteil oder Nachteil gleichgültig gegenübersteht. Selbstsucht dagegen ist ein anderen Personen geradezu feindlicher Egoismus: Selbstsüchtig handelt derjenige, der seinen eigenen wirtschaftlichen Nutzen erstrebt, obgleich er zu wissen glaubt, dass dadurch anderen Personen wirtschaftlicher Nachteil zugefügt werden wird.

Der Selbstsucht steht von Seite des Altruismus entgegen die Selbstlosigkeit, das Handeln, welches den wirtschaftlichen Vorteil anderer als nächsten Zweck verfolgt, obgleich der Handelnde zu wissen glaubt, dass ihm selbst daraus wirtschaftlicher Nachteil erwachsen werde. Dem Eigennutz entspricht andererseits die Uneigennützigkeit, d. h. jene Handlungsweise, wobei man als nächstes Ziel den Nutzen anderer verfolgt, ohne jede Rücksicht auf den eigenen wirtschaftlichen Nutzen oder möglichen Schaden. Dem Selbstsinn gegenüber steht das Handeln für andere in einer Sache, welche uns selbst weder nützen noch schaden kann, weil unsere Interessen dabei gar nicht in Betracht kommen. Dieser Fall, wo das Handeln für andere ein wirtschaftliches Opfer für den Handelnden nicht mit sich bringt, ist in der Wirtschaft wichtig und häufig.

Inmitten zwischen Egoismus und Altruismus steht ein weites Gebiet von Mischungsverhältnissen, welche naturgemäss, je nach dem Überwiegen des einen oder des anderen Mischungselementes, eine unendliche Anzahl von Variationen zulassen. In solchen Handlungen sind das Streben nach dem eigenen und dasjenige nach dem wirtschaftlichen Vorteil anderer, als nächstes Ziel untrennbar mit einander verbunden. Man handelt für sich selbst, unter gleichzeitiger Berücksichtigung fremder Interessen, oder derart, dass man um anderer Personen willen den nächstliegenden eigenen ökonomischen Vorteil beschränkt, oder man nimmt Handlungen zu Gunsten dritter vor, bei nicht gleichwertiger wirtschaftlicher Gegenleistung. Derartige Handlungen nennen wir mutualistisch, ihre Gesammtheit als wirtschaftliche Erscheinung Mutualismus. Egoismus und Altruismus bilden danach keinen contradictorischen Gegensatz, sie können sich ganz wol mit einander vertragen und in ein und derselben Handlung mit Beziehung auf verschiedene Personen und Verhältnisse, auf das mannigfachste mit einander combinirt sein. Da jede wirtschaftliche Handlung den wirtschaftlichen Nutzen entweder des Handelnden selbst oder einer anderen Person als nächstes Ziel erstreben muss, so muss sie auch entweder altruistisch oder egoistisch oder beides zugleich sein. Altruismus und Egoismus umfassen demnach zusammengenommen den gesammten Kreis der möglichen wirtschaftlichen Handlungen und die auf sie begründete Einteilung ist erschöpfend.

Wiederholt muss betont werden, dass sowol beim Egoismus als beim Altruismus nur die Absicht des Handelnden zunächst für sich oder für andere Personen zu handeln in Betracht kommt, nicht aber die Frage, wem die Handlung de facto schliesslich zu Gute kam. Ferner ist auf die Notwendigkeit hinzuweisen, beide Factoren strenge auseinanderzuhalten, wo sie in einer wirtschaftlichen Handlung untrennbar verknüpft sind. Dies wurde von der historischen Schule deutscher Nationalökonomie versäumt, während die Tatsache des Mischungsverhältnisses ihr wol bekannt war. So z. B. bemerkt Knies in der ersten Aufl. seiner polit. Oekonomie (S. 161 f.): „Bewusste Rücksichtnahme auf das Wol des Nächsten und eine positive Förderung desselben, wie des Gemeinwols können Hand in Hand mit dem Streben nach dem eigenen Wole gehen." — Eine gesonderte Behandlung des Altruismus im Gegensatz zum Selbstinteresse ist aber von dieser Seite niemals erfolgt. — Überhaupt ist die Anzahl ähnlicher Versuche nicht beträchtlich und selbst in nationalökonomischen Werken ersten Ranges finden wir an Stelle des einen, zusammenfassenden Begriffs Altruismus eine planlose Aufzählung altruistischer Tendenzen, welche naturgemäss keinerlei Garantie der Vollständigkeit in sich trägt. Die Erkenntniss der Bedeutung des Altruismus bricht sich aber mit wachsender Klarheit Bahn und von nicht geringem Interesse ist es, die bisher in dieser Richtung gemachten Anstrengungen zu verfolgen. Wir müssen uns hiebei fragen, inwiefern die letzteren der Aufgabe entsprochen haben, einen höheren Begriff ausfindig zu machen, welcher jede wirtschaftliche Handlung zu Gunsten dritter, wenn auch nicht notwendig bloss zu ihren Gunsten zu umfassen geeignet ist.

Nach Roscher, dessen Namen wir seiner Bedeutung gemäss an die Spitze stellen, ist jede Wirtschaft auf zwei geistige Triebfedern zurückzuführen, den Eigennutz, selfinterest (Erwerbstrieb — Sparsamkeit), und die Forderungen der Stimme Gottes in uns, das Gewissen, welch' erstere „mit philosophischer Zeichnung der Umrisse . . . . . . Ideen der Billigkeit, des Rechts, des Wohlwollens, der Vollkommenheit und inneren Freiheit" genannt werden. Eigennutz und Gewissen zusammen erzeugen den Gemeinsinn. „Auf diesem beruht stufenweise das Familien-, Gemeinde-, Volks- und Menschheitsleben. Nur durch ihn wird das Gottesreich auf Erden verwirklicht, die Religion tätig, sittlich; nur durch ihn der Eigennutz wahrhaft sicher und nachhaltig zweckmässig. Selbst der bloss rechnende Verstand muss erkennen, dass unzählige Anstalten, Verhältnisse u. s. w. für viele Einzelne nützlich, ja notwendig sind, ohne Gemeinsinn aber ganz unmöglich bleiben, weil kein Einzelner die dazu erforderlichen Opfer übernehmen könnte."

Mit diesem Gemeinsinn Roschers können wir uns ebensowenig befreunden, als mit der von ihm dem Gewissen zugeschriebenen Rolle. Wir werden unten Gelegenheit haben, uns des Näheren zu überzeugen, dass zahlreiche Handlungen zu Gunsten dritter mit jenem Gewissen, jenem „Trachten nach dem Reiche Gottes" nichts gemein haben. Neben den Handlungen zum eigenen wirtschaftlichen Vorteil stehen solche Handlungen zum wirtschaftlichen Vorteil anderer, welche gleichfalls durch Eigennutz, aber nicht durch wirtschaftlichen, ja zum Teil durch geradezu unwirtschaftlichen Eigennutz veranlasst werden. Das „Gewissen" hat an solchen Handlungen möglicherweise gar keinen Teil. In der Einteilung Roschers ist demnach kein Raum für dieselben. Den „Gemeinsinn" Roschers betreffend, müssen wir wol dem Gedanken zustimmen, dass durch einträchtiges Zusammenwirken egoistischer und altruistischer Motive die

---

[1]) System I. § 11.

Gemeinwirtschaften hervorgerufen wurden, müssen jedoch der Einbeziehung des Volks- und Menschheitslebens unter diesen Begriff widersprechen, da doch offenbar diese beiden den ganzen Complex der wirtschaftlich wirksamen Kräfte, also auch die rein egoistischen in sich begreifen und tatsächlich mit auf ihnen beruhen[1]).

Adolf Wagner, neben Hermann der grösste deutsche Systematiker, erkennt ganz richtig[2]), das Selbstinteresse sei auch in seinem speciellen Gebiet, im privatwirtschaftlichen, nicht eine immer gleich bleibende, noch immer gleich wirksame Kraft, vielmehr stehe es selbst wieder unter dem Einfluss der Sitte und Sittlichkeit: es könne und solle „moralisirt" allgemein ausgedrückt zu einem Kulturfactor herangezogen werden. Dies bedeutet aber nichts anderes, als das Auftreten und Mächtigwerden der dem Egoismus entgegengesetzten Tendenzen. Die Mitwirkung des Gemeinsinns oder ihm verwandter geistiger Triebfedern in der freien Gemeinwirtschaft wird von Wagner selbst zugegeben, wenn auch das Eigeninteresse hier vorwiegen soll, allein die Zwangsgemeinwirtschaften werden, weil sie nicht auf freiwilligen gemeinsamen Handlungen der beteiligten Individuen beruhen, aus dem Bereich dieser Motive principiell ausgeschlossen; dieselben finden daher, soweit sie nicht in das „caritative" Gebiet fallen, in Wagners System überhaupt keine angemessene Stellung.

Soviel ist nun sicher richtig, dass nicht einzig und allein das Wolwollen, die Liebe der Einzelnen es ist, was die Gemeinwirtschaften in Bewegung setzt, wol aber sind die Zwecke der Gemeinwirtschaften mit denen des Wolwollens wirtschaftlich in sehr weitem Maasse identisch. Stellt man aber dem Egoismus nicht das Wolwollen, sondern den Altruismus schlechtweg gegenüber, so erscheint das Ausschliessen der Gemeinwirtschaften aus dem Bereich des letzteren in keiner Weise gerechtfertigt. Dem Altruismus ordnen sich die Gemeinwirtschaften ebenso zwanglos unter wie die individuellen. An Stelle der Unterscheidung des privatwirtschaftlichen und des caritativen Systems, welche in

---

[1]) Vgl. gegen Roscher Ad. Wagner, Lehrbuch 2. Aufl. I. S. 197.
[2]) l. c. 198.

Wahrheit gar keinen Gegensatz bilden, kann solchergestalt eine einfachere Classification gesetzt werden, deren Vorteile namentlich dort in Betracht kommen, wo eine Mischung des egoistischen mit dem altruistischen Elemente vorliegt. Die strenge Scheidung in jene drei Systeme bringt überhaupt ernstliche Schwierigkeiten mit sich, auf welche wir jedoch hier nicht weiter einzugehen haben.

Im § 12 handelt Wagner ex professo von den moralischen Potenzen neben dem Selbstinteresse im privatwirtschaftlichen System. Er nennt dieselben sittlich gute und schlechte, je nachdem sie den menschlichen Willen zu einer günstigen oder ungünstigen Abweichung von der ihm durch das wirtschaftliche Selbstinteresse des Wirtschaftssubjects gegebenen Richtung bestimmen. Gute Potenzen sollen Liebe und Pflichtgefühl (Gewissenspflicht) sein, welche sich als Familiensinn, Gemeinsinn, bestimmte sittliche und religiöse Anschauung, Opferwilligkeit äussern. Schlechte Tendenzen sind die eigennützige Ausartung oder Übertreibung des wirtschaftlichen Selbstinteresses, ferner Trägheit, Unwissenheit in der Sphäre der Production, Prahlerei und Genusssucht in derjenigen der Consumtion. — Wir wollen es hier dahingestellt sein lassen, inwiefern eine Einteilung speciell der wirtschaftlichen Handlungen nach ihrer ethischen Qualität angemessen und consequent durchführbar ist, aber die obige umfasst überhaupt nicht alle wirtschaftlichen Handlungen, sondern nur die privatwirtschaftlichen, soweit sie nicht durch das Selbstinteresse hervorgerufen wurden. Eine Prüfung der gemeinwirtschaftlichen und selbst der caritativen Handlungen in dieser Richtung wäre ausserordentlich wünschenswert. — Ferner ist die günstige oder ungünstige Abweichung von der Directive des Selbstinteresses als ethischer Maassstab nicht zu billigen, wenigstens ist nicht abzusehen, wieso beispielsweise die Unwissenheit, die ja vollkommen unverschuldet sein kann, als moralisch schlechte Potenz bezeichnet werden dürfte. Überdies ist der Einwurf zu erheben, dass die für die guten und schlechten Potenzen angegebenen Merkmale nicht kennzeichnend genug sind, besonders aber eine einigermassen vollständige Aufzählung der einen und der anderen nicht gestatten. Was ist eine günstige und was eine ungünstige Abweichung von der Directive des Selbstinteresses? Hat doch Wagner selbst zugegeben, dass seine guten Potenzen unter Umständen wirtschaftlich nachteilig wirken. Ebenso gewiss ist es, dass die auf die höchste Spitze der Gewissenlosigkeit getriebene Selbstsucht nicht selten eine für den Handelnden wirtschaftlich günstige Abweichung von der ihm durch das, was hier Selbstinteresse heisst, gegebenen Richtung herbeiführt, wenn auch ein solches Handeln von jedem ethischen System als verwerflich anerkannt werden müsste[1]).

Das, worauf es uns hier ankommt, die wissenschaftliche Würdigung der dem Selbstinteresse entgegengesetzten Bestrebungen in der menschlichen Wirtschaft, hat Wagner nicht vollständig durchgeführt. An diesem Punkt aber wird die wünschenswerte Reform in der Nationalökonomik anzusetzen haben, da die Schwäche der herrschenden Lehre in der einseitigen Berücksichtigung des Selbstinteresses besteht. Das System des Selbstinteresses, durch welches man der volkswirtschaftlichen Erkenntniss nach allen Seiten hin Schranken gesetzt hat, muss in dieser Einseitigkeit überwunden und dem Selbstinteresse der ihm zukommende bescheidenere Rang angewiesen werden. Wagners gemeinwirtschaftliches System ist hiezu nicht geeignet, da es zugestandener Maassen selbst zum Teil auf Eigeninteresse beruht — (freie Gemeinwirtschaft) — nicht aber das letztere von der ihm entgegengesetzten Tendenz scharf sondert. Vom caritativen System, dessen, in Anbetracht der Äusserlichkeit des Woltuns, glücklich erfundenen Namen Wagner jedoch anwendet, weil es ein Bedürfniss ist, „mit einem Gesammtnamen das Gebiet der nach den Grundsätzen des Gemeinsinns, der Liebe, des religiösen Motivs, der Humanität erfolgenden Erwerbsarten zusammenzufassen", gilt trotzdem dasselbe: Es ist nicht bloss tatsächlich zum grossen Teil bloss eine Function der Privat- und der Gemeinwirtschaften und diesen in keiner Weise ebenbürtig, es erschöpft auch, und darauf kommt es uns in erster Linie an, durchaus nicht den Kreis der dem Selbstsinn entgegengesetzten Tendenzen. Zwischen den

---

[1]) a. a. O. § 136: Sieg der gewissenloseren Elemente.

egoistischen und caritativen Handlungen in Wagners Sinn bleibt eine Lücke, welche durch das System der Gemeinwirtschaften nur teilweise ausgefüllt wird. Es soll hiemit nicht über den Wert von Wagners Einteilung abgesprochen werden, allein es erhellt daraus, dass die Arbeiten dieses Forschers, trotz ihrer seltenen Vollständigkeit in Berücksichtigung aller Seiten des wirtschaftlichen Lebens, eine theoretische Behandlung des Altruismus nicht überflüssig machen.

Schaeffle, auf dessen Einzelausführungen wir wiederholt zurückkommen werden, greift, gleich Wagner, auf die tieferen Motive des Altruismus zurück: auf Liebe, Gemeinsinn, Begeisterung für Kunst und Wissenschaft, Triebfedern des Ehrgeizes, der Eitelkeit u. s. w., sein Hauptergebniss fasst er in folgenden Satz[1]): „Für alles Tun und Lassen, Gestalten und Anwenden, Geben und Empfangen ist der dreifache Unterschied massgebend, ob in **strenger (speculativer)** Abrechnung jedes einzelnen Wirtes auf den höchsten Erwerbsnutzen des **Einzelnen**,

oder, mittelst zusammenfassender **öffentlicher Gewalt** auf den höchsten **einheitlichen (collectiven)** Nutzen der **Gesammtheit**,

oder mittelst freier, aufopfernder Hingebung auf die höchste **persönliche** Befriedigung Anderer abgezielt wird. Nach diesem Unterschiede gestalten sich äusserst mannigfaltig und formenreich **alle wirtschaftlichen Verbindungen der Arbeit und des Vermögens** unter den Menschen, d. h. alle Organisationen der Volkswirtschaft."

Diese Einteilung nähert sich der unsrigen insofern, als sie gleichfalls unterscheidet, ob eine Handlung zum Vorteil des Handelnden selbst oder anderer Personen vorgenommen wurde, ist aber dadurch von ihr verschieden, dass sie unter 3) das Motiv freier, aufopfernder Hingebung einbezieht, was zur Folge hat, dass die zahlreichen Handlungen zu Gunsten dritter, welche egoistischen Motiven entspringen, in der ganzen Einteilung keinen Raum finden; ferner dadurch, dass wir unter dem Begriff Altruismus zusammenfassen, was Schaeffle unter 2 und 3 ausein-

---

[1]) System 3. Aufl. § 198 unter 4).

anderhält. Übrigens ist Schaeffles Unterscheidung in Anbetracht der Mischungsverhältnisse offenbar nicht erschöpfend. Es kann — weder in streng speculativer Weise zum Vorteil des Handelnden selbst, noch mit freier, aufopfernder Hingebung für die höchste mögliche Befriedigung dritter, noch mittelst der öffentlichen Gewalt zum Nutzen der Gesammtheit — wirtschaftlich gehandelt werden: Die einzelnen Categorien sind zu exclusiv gefasst. Im Ganzen jedoch wird man die Erörterungen Schaeffles über den Gegenstand bei theoretischer Behandlung des Egoismus und Altruismus in der Volkswirtschaft, so lange diese Theorie im jetzigen, unfertigen Zustand beharrt, stets mit grossem Nutzen zu Rate zu ziehen haben.

Ausser dem, was Iherings Zweck im Recht und H. Dietzels Schriften zu unserem Thema enthalten, liefert dessen neueste und vollkommenste Behandlung Emil Sax in seiner Abhandlung: „Über das Wesen und die Aufgaben der Nationalökonomie"[1]).

Sax unterscheidet zunächst Individualismus und Collectivismus als die zwei Grundkräfte der menschlichen Wirtschaft[2]). Unter Individualismus versteht er das angeborene Streben jedes Menschen, sich selbst als den Mittelpunkt des socialen Kreises zu betrachten, Alles, Dinge und Menschen auf sich zu beziehen, sein Eigenwesen hierin frei gegenüber anderen zu betätigen und so seinen Zusammenhang mit der Menschheit sich selbst zu suchen. Dieser Individualismus ist keineswegs identisch mit irgend einer Form des Egoismus, er ist ein neuer, bisher nicht bekannter Begriff und Sax täuscht sich, wenn er glaubt, er sei oft genug gewürdigt und geschildert worden. Als drei Äusserungsarten des Individualismus unterscheidet Sax Egoismus, Mutualismus und Altruismus. „Egoismus ist der Impuls, das erreichbare Maximum von Lebensförderung ohne Rücksicht auf andere, selbst mit Beeinträchtigung anderer anzustreben, die Erhaltung und Entfaltung des „ich" ausschliesslich ins Auge zu fassen"[3]). Mutualismus soll jenes Streben heissen, welches zur Förderung der eigenen Interessen andere direct fördert „in

---

[1]) Wien 1884. Vgl. namentl. Cap. 5, 6, 7. — [2]) S. 50. — [3]) S. 51.

der Art, dass ich meinem Interesse nur dadurch dienen kann, indem ich zugleich dem anderer nütze"[1]). Altruismus endlich ist die Richtung des ökonomischen Strebens auf bestimmte Mitmenschen „mit Entgang an Eigenem"[2]). Fassen wir die Einteilung, wie sie hier wiedergegeben, ins Auge, so scheint uns klar, dass sie nicht erschöpfend ist, und eine Reihe von Phänomenen, die unter den Begriff des Individualismus fallen würden, nicht umfasst. Das Erhaltungs- und Entfaltungsstreben des Menschen braucht nicht etwa notwendig ohne Rücksicht auf andere stattzufinden, es kann egoistisch und doch nicht eigennützig (in unserem Sinne) sein. Dies gilt namentlich von ökonomischen Handlungen und Diensten einseitiger Natur, die der Mensch sich selbst erweist. Fertigt z. B. ein Handwerker einen Gegenstand des täglichen Gebrauchs für sich selbst, streicht jemand den eigenen Hausrat frisch an, bessert und putzt jemand selbst seine Kleider, so sind das wirtschaftliche Handlungen, die man individualistisch im vollsten Sinne des Wortes nennen müsste; sie sind aber nicht egoistisch im Sinne von Sax, da jenes „ohne Rücksicht auf andere", wenn wir nicht missverstehen, bedeuten soll, es seien andere an der Handlung interessirt, der handelnde Egoist aber nehme auf ihre Interessen keine Rücksicht, er handle rücksichtslos ihnen gegenüber. So wenig der Egoismus eine solche Rücksichtslosigkeit mit sich führen muss, ebensowenig bedingt die Richtung auf andere Entgang an Eigenem. Man wird daher die Definition des „Egoismus" sowol, als die des „Altruismus" anders und weiter zu fassen haben, als Sax es getan hat. Ein weiterer Einwurf richtet sich gegen seine Fassung des Begriffs „Mutualismus". Der Mutualismus ist keine dem Egoismus und dem Altruismus ebenbürtige Tendenz, vielmehr bereits ein Mischungsverhältniss beider. Der Egoismus steht dabei allerdings mitunter in erster Linie, allein daneben wird, wenn auch ihm untergeordnet, doch bereits der Altruismus wirksam und auch das umgekehrte Verhältniss: Mischung von Egoismus und Altruismus mit Überwiegen des letzteren ist möglich, ja nicht selten verwirklicht. Ich kann vielleicht meinen Interessen nur

---

[1]) S. 52. — [2]) S. 54.

dadurch dienen, dass ich zugleich denen des anderen diene, aber ich nütze ihm doch mit Absicht, willkürlich, und das eben ist Altruismus, wenn auch ein Altruismus der mit Egoismus untrennbar verknüpft ist. Allerdings lässt sich nicht leugnen, dass dem von Sax gemachten Unterschied eine wichtige Rücksicht zu Grunde liegt: Das Motiv der Handlung zu Gunsten dritter, welches in seinem Mutualismus auftritt, ist in letzter Linie im Egoismus selbst zu suchen. Man erstrebt eigenen Vorteil, indem man den anderer Personen fördert. Sax unterscheidet also den im Mutualismus sich äussernden Altruismus von jedem anderen, weil ersterer auf Egoismus zurückzuführen ist. Da hier der Egoismus einen weiteren Sinn hat als nach unserer Definition, steht eine solche Unterscheidung mit unserer Lehre in keinem Widerspruch.

Die Zusammensetzung des Mutualismus aus Egoismus und Altruismus konnte Sax selbst nicht entgehen. Er gesteht daher zu, dass wir bei genauerem Zusehen in verschiedenen Erscheinungen des Mutualismus auch eine Beimischung von Altruismus zum dominirenden Egoismus entdecken. Dieser Satz braucht nur verallgemeinert zu werden um richtig zu sein. Für den Mutualismus ist eben jene Beimischung von Altruismus zum Egoismus geradezu wesentlich, wobei freilich hervorzuheben ist, dass die Sax'sche Definition des Egoismus (Handeln ohne Rücksicht auf andere) selbst bei einer beschränkten Mischung der bezeichneten Art nicht anwendbar wäre.

Die von Sax bemerkte Tatsache, dass der Mutualismus nicht selten mit dem Egoismus in Widerstreit tritt, sofern letzterer ein höheres Maass, oder auch nur ein der Zeit oder der Auffassung nach näher liegendes Maass von subjectiver Befriedigung zu gewähren vermag, lässt sich, wie schon oben angedeutet, dahin ergänzen, dass in manchen Fällen das altruistische Element im Mutualismus sich als das mächtigere erweist und dann der Egoismus bei jenem Widerstreit unterliegt. Der Normalfall des Sax'schen Mutualismus dürfte aber ein Zustand des Gleichgewichts zwischen Egoismus und Altruismus sein, derart, dass die Interessen des Handelnden und anderer Personen gleichermassen gewahrt werden und von diesen anderen ein gleiches,

Definition u. krit. Würdigung d. Begriffe Egoismus, Altruismus etc. 29

mutualistisches Verhalten erwartet wird. Es wäre wünschenswert, den sehr bezeichnenden Ausdruck Mutualismus über die von Sax aufgestellte engere Bedeutung hinaus für alle Mischungsverhältnisse von Egoismus und Altruismus zu gebrauchen. Wie immer man dies aber halten mag, das eine erscheint sicher, dass der Mutualismus nicht neben Egoismus und Altruismus als besondere, von ihnen unabhängige Tendenz genannt werden darf.

Wenden wir uns schliesslich dem Altruismus der Sax'schen Lehre zu. So berechtigt die Unterscheidung desselben an und für sich ist, so wenig scheinen uns alle Phänomene des Altruismus unter den Individualismus, wie er von Sax umschrieben ist, zu passen. Das caritative System nämlich, welches gleichfalls zu den Ausflüssen des Altruismus gehören soll, beruht nicht auf dem Streben des Handelnden, „sich selbst als den Mittelpunkt des socialen Kreises zu betrachten...."

Das Handeln ist hier durchaus nach Aussen gerichtet, in ökonomischer Beziehung selbstlos. Nicht immer, wenn auch allerdings in der Mehrzahl von Fällen geht es von Individuen aus, welche in dieser Beziehung nicht in eine Zwangsgemeinschaft zusammengeschlossen sind. Das aber wollte unter Individualismus nicht verstanden werden[1]).

Dem Individualismus gegenüber stellt Sax als zweite Grundkraft den Collectivismus[2]). Derselbe äussert sich in einer „Zusammenfassung der Individuen zu einer Gesammtheit, die sich als solche betätigt und über das Individuum als Mittel zur Erreichung des gemeinsamen Zweckes verfügt";... „der Collectivismus besteht in der Beziehung des materiellen Erhaltungs- und Entfaltungsstrebens auf eine räumlich und zeitlich den Bereich jedes, auch des entwickeltesten Individuums überschreitende Verbindung von Individuen, in welcher die Einzelnen aufgehen."

Das Collectivum wirkt nach Sax zwar natürlich gleichfalls für die Individuen, aber das gilt nur vom abstracten Individuum, nicht vom concreten, welches möglicherweise keinen Ersatz für

---

[1]) Vgl. oben S. 26. — [2]) a. a. O. S. 55 ff.

seine Leistungen finden, ja selbst zum Opfer fallen kann. Der Verband umfasst nicht bloss die Mitlebenden, sondern auch ungezählte spätere Generationen. Das ich fühlt sich hier nicht mehr als Centrum, sondern als ein unbedeutender Punkt gleich zahllosen anderen. Das Interesse der Gesammtheit muss aber stets mit dem des Durchschnitts der Einzelnen zusammenfallen, widrigenfalls die Entwicklung des Ganzen in Widerspruch tritt mit der Entwicklung seiner Bestandteile und der Collectivismus sich in diesem Punkte selbst aufhebt. Zu den collectivistischen Gebilden zählt der Staat, einschliesslich der Gemeinde, Corporation — überhaupt jedes Zwangsverbandes.

Nach innen hin stellt sich der Collectivismus „als eine die Grenzen des Individualismus überschreitende Ausweitung des Mutualismus und Altruismus dar", aussen Stehenden gegenüber wirkt das Collectivgebilde egoistisch; auch ein Mutualismus der collectivistischen Personengruppen untereinander ist nicht selten; selbst Altruismus derselben nach aussen kommt vor.

Trotz der Gleichheit der Elemente des Individualismus und Collectivismus, trotzdem dass in beiden Egoismus, Mutualismus und Altruismus wirksam sind, hält Sax doch beide strenge auseinander. Der Unterschied zwischen Individualismus und Collectivismus sei nicht bloss quantitativ, sondern qualitativ. Im Einzeldasein ist das Individuum Zweck, der von ihm ausgehende Individualismus Mittel, während der Collectivismus uns selbst als Zweck, das Individuum als sein Mittel entgegentritt.

So weit Sax. Natürlich konnten wir seine Lehren nur skizzenhaft wiedergeben und müssen in Bezug auf die Details auf das citirte Buch verweisen.

Zieht man in Betracht, dass Altruismus und Egoismus sowie auch Mutualismus sowol im Individualismus als im Collectivismus als Grundkräfte herrschen sollen, so kommt man zum Ergebniss, dass eigentlich sie die grossen Ordnungsbegriffe sind, denen Individualismus und Collectivismus ihrerseits als Gattungen zu unterstehen hätten. Scheiden wir aus den entwickelten Gründen den Mutualismus aus, so würden Egoismus und Altruismus übrig bleiben und nur darauf würde es ankommen, ob diese Tendenzen identisch sind, ob sie nun im Individualismus oder im Collectivismus wirken mögen. Sax hat dies verneint; wir aber halten dafür, dass die Zwecke der von ihm als collectivistisch bezeichneten Gebilde niemals egoistisch sein können, dass sie vielmehr ausschliesslich Gebilde des Altruismus und zwar desselben Altruismus sind, welcher in den Handlungen der Individuen zur Geltung kommt. Die Begründung dieser Behauptung im Einzelnen muss den späteren Capiteln vorbehalten bleiben. Wir gehen danach ausschliesslich von Egoismus und Altruismus aus, denen wir sämmtliche wirtschaftliche Erscheinungen, auch die collectivistischen unterordnen.

Zweites Capitel.

Die Functionen des Egoismus.

Notwendigkeit des Egoismus. Der Selbstsinn. Vorherrschaft desselben in den einfachsten, ältesten Culturperioden. Sein allmäliges Zurückdrängen durch den Altruismus. Der Verkehr. Wachstum des Eigennutzes. Fortdauer des Selbstsinns durch allen Wechsel. Der Eigennutz durch altruistische Einflüsse zur Herrschaft gebracht. Sprengung der mittelalterlichen Genossenschaften erfolgt im Interesse der Gesammtheit. Die Selbstsucht. Repression gegen dieselbe. Zusammenhang zwischen dem Tausch und dem Egoismus, der Güterverteilung und dem Altruismus.

Dem Egoismus ist eine so eingehende und liebevolle Behandlung in der Nationalökonomik zu Teil geworden, dass er die letztere vollständig zu überwuchern drohte und gleichsam jeden Winkel, der darin noch frei war, eifersüchtig ausfüllte. Es ist also kein Anlass gegeben, hier zu wiederholen, was vielfach und vortrefflich gesagt worden ist. Die Theorie des Egoismus ist im Wesentlichen vollendet; wir wollen uns daher damit begnügen, einen raschen Blick auf die relative Bedeutung von Selbstsinn, Eigennutz und Selbstsucht und auf ihre Rolle in der Geschichte der Menschheit zu werfen.

Weil jeder Mensch sich selbst der nächste ist, seine eigenen materiellen Bedürfnisse am lebhaftesten und unmittelbarsten empfindet, diejenigen anderer Personen hingegen nur mittelbar, durch Vergleich mit den eigenen begreift, liegt ihm auch Alles, was zur Befriedigung der eigenen Bedürfnisse führt, besonders am Herzen.

Daher hat der wirtschaftliche Egoismus seit es eine menschliche Wirtschaft gibt stets den entschiedensten Einfluss auf dieselbe genommen; es ist gelungen, ihn einzudämmen und einzuschränken, nie ihn zu beseitigen. Es hat aber seit jeher neben ihm andere, nicht weniger wirksame Tendenzen gegeben, dieselben Tendenzen, welche auch heute ihm mehr und mehr den Vorrang streitig machen.

Wir haben dreierlei Arten des Egoismus unterschieden: Den bisher zu wenig beachteten einfachen Selbstsinn und den gegen andere gerichteten Egoismus: Eigennutz oder Egoismus i. e. S. und Selbstsucht.

Das Gebiet des einfachen wirtschaftlichen Selbstsinns ist ein sehr beträchtliches. In seine Grenzen gehört jede wirtschaftliche Tätigkeit des Menschen für sich selbst, so lange dieselbe sich mit dem wirtschaftlichen Streben anderer nicht durchkreuzt, so lange also durch diese wirtschaftliche Tätigkeit niemand anderer unmittelbar verkürzt oder beschädigt werden kann. Hierher gehört vor Allem die Tätigkeit des für sich selbst arbeitenden Landmanns, Jägers, Viehzüchters, der für sich selbst arbeitenden Hausfrau u. s. w.

Der einfache Selbstsinn ist häufig mit Altruismus complicirt. Der Arbeitende handelt für sich und für die Seinen. So weit er für sich handelt, ist seine Tätigkeit selbstsinnig, so weit er für andere handelt, altruistisch. — Je mehr der einzelne Mensch auf seine eigene Kraft und Leistung angewiesen ist, je weniger er genötigt ist, die Arbeitsproducte anderer durch Tausch in Anspruch zu nehmen, je unentwickelter der Verkehr ist, desto grösser ist die Rolle des einfachen Selbstsinns. Demgemäss ist derselbe in den einfachsten, ältesten Culturperioden, namentlich in der ersten Phase des auf Mobilien und Immobilien sich erstreckenden, ausschliesslich individuellen Eigentums[1]) in entschiedenem Übergewicht. Jeder Mensch ernährt in dieser Periode sich selbst, ohne ausserhalb des Familienkreises den Beistand anderer zu Hilfe zu rufen. Die einfachste Waffe, die einfachste

---

[1]) Dargun, Ursprung und Entwickelungsgesch. des Eigentums. Zeitschrift f. vergl. Rechtswiss. V. Bd. 1883. S. 1—115.

Ruhestätte macht keiner dem anderen streitig, weil alle unter gleichen Bedingungen des gleichen Besitzes leben. Der Ackerboden, später Hauptgegenstand wilder Kämpfe und Streitigkeiten, ist noch in solcher Fülle vorhanden, dass er regelmässig durch Occupation erworben, durch Dereliction verloren wird und einen gewissen Wert bloss durch die Bearbeitung des Eigentümers erlangt. Jede Familie sorgt da für sich selbst; jeder Hausherr (in Nordamerika jede indianische Hausfrau) hat da ein eigenes Feld und bebaut es für sich und die Angehörigen. Die Waffen verfertigt sich, selbst wenn sie nicht mehr ganz einfach sind, jedermann persönlich, denn das Material ist in beliebiger Quantität jederzeit zu haben, die auf Arbeit zu verwendende Zeit aber wird für gar nichts geachtet Nur in Zeiten der Not und des Überflusses werden diese Regeln durchbrochen, aber nicht in egoistischer, sondern in altruistischer Richtung. Aus hier nicht näher zu erörternden Ursachen tritt dann eine grössere Anzahl von Personen, mitunter die ganze, wenig zahlreiche Gemeinde, in den Mitgenuss des bloss von einer Person erzeugten Gebrauchsgutes, eine Teilnehmerschaft, welche die Keime einer entgegengesetzten, auf dem Überwiegen des Gemeineigentums beruhenden Wirtschaftsordnung in sich trägt[1]).

In dieser nun folgenden Periode, welche bei einer Mehrzahl von Völkern, worunter die europäischen Culturvölker, durch die Feldgemeinschaft, ganz allgemein durch Entstehung einer kräftigeren Staatsgewalt und eines damit notwendig verbundenen öffentlichen Gutes gekennzeichnet wird, spielt der einfache Selbstsinn noch immer eine grosse Rolle. Besonders dort, wo die Feldgemeinschaft mit periodischer Neuverteilung des Bodens unter die Genossen zum Zweck zeitlich beschränkter Benützung verbunden ist — man denke an die germanische Urzeit, den russischen mir, den römischen ager publicus — arbeitet jeder für sich und die Seinen, producirt selten mehr als er für seine Wirtschaft braucht, hält sich also innerhalb der Grenzen des

---

[1]) Die Beweise s. a. a. O. Cap. 8, S. 76—88. Über den damit zusammenhängenden gleichzeitigen politischen Atomismus daselbst Cap. 4, S. 44—49.

einfachen Selbstsinns und des Altruismus, ohne in dieser Richtung dem Eigennutz und der Selbstsucht Raum zu gewähren. Aber schon in diesem Zeitraum beginnt der Handel grössere Dimensionen anzunehmen, die fortschreitende Cultur hat Güter hohen Wertes geschaffen, deren Besitz Macht, Ruhm und Ansehen verleiht. Ausser dem, was die Notdurft des eigenen Lebens zu decken bestimmt ist, werden durch die Urproduction auch zum Tausch geeignete und bestimmte Güter gewonnen, der Bauer tritt dem Händler gegenüber, der Fremde dem Fremden, jeder bedacht, so billig zu kaufen, so teuer zu verkaufen als möglich, ohne Rücksicht auf den Schaden oder Nutzen des anderen. Es entsteht das versteckte Ringen in friedlicher Form, welches den freien, unter dem Bann des Egoismus stehenden Verkehr auszeichnet. Der einfache Selbstsinn hört dabei nicht auf, er wird nur zurückgedrängt, im selben Maasse, als mehr und mehr Güter am Wege des Verkehres statt am Wege eigener Production ihrer Consumenten erworben werden. In den Städten tritt dies schon zeitlich hervor und schreitet rasch fort, so wie die Mobilien den Immobilien gegenüber an Bedeutung gewinnen. Diese Tendenz nimmt bedeutend zu, der reine Selbstsinn aber bleibt, namentlich birgt die bürgerliche Hauswirtschaft eine lange Reihe selbstsinniger Handlungen. Denken wir uns ein socialistisches Staatswesen wäre möglich und schliesslich auch realisirt[1]), die Wirksamkeit des Eigennutzes und der Selbstsucht wäre hier auf ein Minimum herabgedrückt, altruistische Grundsätze würden das gesammte Güterleben beherrschen, von einem Verkehr im jetzigen Sinn könnte nicht die Rede sein, wenn sich auch ein gewaltiger Verkehr anderer Art entwickeln müsste. Der einfache Selbstsinn würde dann wahrscheinlich weit schärfer hervortreten, als gegenwärtig, denn der Einzelne wäre genötigt, viel mehr für seine materiellen Bedürfnisse selbst zu sorgen, viel weniger durch andere dafür sorgen zu lassen, als dies augenblicklich der Fall ist. Mit dem Unterschied der Stände müssten namentlich viele persönliche Dienstleistungen

---

[1]) Über die Frage der Nützlichkeit einer absoluten Vorherrschaft des Altruismus vgl. unten Cap. 7.

hinwegfallen, aber auch abgesehen davon müsste, selbst bei der vollkommensten Arbeitsteilung, ein Rest des einfachen Selbstsinns fortbestehen. Im Bereich des Egoismus ist also der letztere das constanteste, vom Wechsel der Zeit am wenigsten abhängige Element. Die selbstsinnigen Erscheinungen bilden offenbar in ökonomischer Beziehung eine eigentümliche, in einem gewissen Gegensatz zu Dietzels Socialwirtschaft stehende Gruppe. Beständig werden durch die selbstsinnigen Handlungen die zahlreichen durch den egoistischen Verkehr offen gelassenen Lücken in der individuellen Bedürfnissbefriedigung ausgefüllt. Wie gross diese Lücken sind, das ist geradezu kennzeichnend für die sociale Rangstufe der Stände.

Wenden wir uns zur Lehre vom Eigennutze (Egoismus i. e. S.). Es kann kaum eine Zeit im Menschheitsleben gegeben haben, in welcher wirtschaftlicher Eigennutz gar nicht vorgekommen wäre. Die Beziehungen der Menschen untereinander sind so enge und innig verflochten, dass Collisionen der wirtschaftlichen Interessen nie ganz gefehlt haben können. „Die Beschränktheit der Natur im Verhältniss zur Unbeschränktheit des menschlichen Erhaltungs- und Entfaltungsstrebens" musste seit jeher solche Collisionen zeitigen[1]). Überlistungen und Übervorteilungen — (das „se invicem circumvenire") — sind auch dagewesen als Jagd und Fischfang die Hauptnahrungsquelle der Menschen bildeten. Immerhin war das Feld des Eigennutzes im Vergleiche zu jenem des Selbstsinns damals gering. Der Handel hat aber sehr früh aufzukeimen begonnen und Handel und Egoismus sind unzertrennbare Gefährten. „Im Geschäft gilt keine Freundschaft"; ein Geschäftsmann steht regelmässig den Interessen des anderen Contrahenten gleichgiltig gegenüber; geschäftsmässig und egoistisch sind Synonyma. Während beim einfachen Selbstsinn jeder Vorteil aus der wirtschaftlichen Handlung dem Handelnden zu Gute kommt, ohne einem dritten Schaden zu bringen, stehen die Interessen der Handeltreibenden in direktem Gegensatz zu einander; je vorteilhafter das Geschäft des einen, desto weniger vorteilhaft das des andern. Ohne auf den Schaden des andern

---

[1]) Sax l. c. 50.

auszugehen, will doch jeder für sich so viel als möglich gewinnen und überlässt dem andern die Sorge um seinen geschäftlichen Nutzen. Hat der andere Schaden genommen, so ist das seine eigene Schuld; warum hat er nicht selbst die Regeln der unentbehrlichen, wirtschaftlichen Klugheit befolgt? Diese Grundsätze werden durch altruistische Einflüsse mannigfach durchbrochen, sind aber so mächtig, dass man das frei waltende Selbstinteresse zur Erklärung des gesammten wirtschaftlichen Lebens benützen wollte. In der Tat wurde durch die Reformen des vorigen Jahrhunderts den egoistischen Tendenzen ein weiter Spielraum eröffnet. Bemerkenswert ist dabei, dass die altruistischen Kräfte selbst es waren, die dem Egoismus Bahn gebrochen und ihm die als woltätig gepriesene Freiheit verschafft haben. Im Mittelalter waren Eigennutz und Selbstsucht durch die Genossenschaft wirksam beschränkt. Sie hatten Spielraum nur insofern, als sie den Interessen der sie von allen Seiten einengenden Personengesammtheiten nicht widersprachen, weil aber die Innungen und Genossenschaften überhaupt, weil selbst die Stände in ihrer politischen Gliederung und ihrem wirtschaftlichen Zusammenhang den Interessen weit grösserer Gesammtheiten hinderlich im Weg zu stehen schienen, mehr als der frei waltende Egoismus Einzelner es hätte zu tun vermögen, so trat die Reaction ein, deren natürliche Träger die Vertreter der Gesammtinteressen waren: die Staaten. Um die Interessen einer grösseren Gesammtheit zu wahren, wurden die kleinen Genossenschaften zersprengt, daher der Jubel der Arbeiter bei Aufhebung der Zünfte[1]). Die Motive der Reform spiegeln sich in den Schriften der Naturrechtslehrer und Encyklopädisten. Es war ein Kampf gegen Bevorzugung einzelner Klassen und Personen, gegen ungerechte Zurücksetzung

---

[1]) Vgl. Rodbertus-Jagetzow, Das Kapital, S. 95 Note: Der heutige Parteistreit „besteht wesentlich in einem Streit des Kommunismus des Mittelalters mit dem modernen Kommunismus... Namentlich sind die individualistischen Systeme, die in allen Bereichen des gesellschaftlichen Lebens... die Oberhand gewonnen haben und zum Teil noch behaupten, nichts als die geschichtlichen Hebel, um nur erst den beschränkten, ungleich berechtigten Kommunismus des Mittelalters aus den Angeln zu heben".

der Vielen, ein Kampf gegen einen entarteten, allem aussenstehenden feindseligen Altruismus der Genossenschaften und Stände. Man liess der Concurrenz deshalb freien Lauf, weil man überzeugt war, dass alle dabei am besten fahren und diese Behauptung war später ein Hauptargument derjenigen, welche tatsächlich ausschliesslichen Gewinn aus der Reform gezogen hatten. Was man erstrebte und erhoffte war Gleichheit: und zwar hatte die reformatorische Gesetzgebung des Staates nicht bloss die Gleichheit vor dem Gesetz, sondern auch die wirtschaftliche Gleichheit im Auge — die politische und rechtliche Gleichstellung liess unberechtigte Hoffnungen in Bezug auf die wirtschaftliche Gleichstellung erwachen. Die Gesetzgebung des Staates verfolgte consequent den Wolfahrtszweck der Volksgesammtheit und das merkwürdige Resultat war die Entfesselung und lang andauernde Erhaltung der Herrschaft des Eigennutzes durch die ihm entgegengesetzten altruistischen Tendenzen. Die nicht bloss locale, sondern universelle, durch keinen speciellen Staat bedingte Abhängigkeit der Wirksamkeit des Eigennutzes von den altruistischen Tendenzen, lässt aber die theoretische Sonderbehandlung der letzteren doppelt notwendig erscheinen. Denn wie der Egoismus durch sie auf den Tron des Wirtschaftslebens erhoben worden ist, so steht er nun seinerseits im Begriff, durch sie überwunden und beschränkt zu werden.

Die dritte Art des Egoismus ist die **Selbstsucht**: Verfolgung der eigenen wirtschaftlichen Zwecke mit bewusster Schädigung anderer. Hierher gehören sämmtliche Verbrechen gegen das Eigentum, aber auch zahlreiche, durch den Strafcodex nicht gebrandmarkte, und doch von jedem Ehrenmann gemiedene Practiken, von denen kein Stand vollständig frei ist. Hierin liegt eine Aufhebung des frei waltenden Selbstinteresses durch Ausnützung von Schwäche, Unwissenheit oder Leichtsinn anderer Personen. Eine Grenze der Ausnützung wird nur durch die ökonomische Leistungsfähigkeit dieser Personen und durch das Maass ihrer Unwissenheit und Schwäche gezogen. Ein Überwuchern der Selbstsucht ist eine gesellschaftliche Krankheit und zieht furchtbare wirtschaftliche Krisen nach sich. Alle altruistischen Tendenzen liegen im Kampf mit der Selbstsucht. Die gegen sie gerichteten Mittel bilden ganze Rechtssysteme, ohne dass es bisher gelungen wäre, ihre Wirksamkeit vollständig zu paralysiren. Diebstal und Raub, welche gleichfalls wirtschaftlich relevante Akte sind, wenn sie auch rechtliche Veränderungen der Eigentumssphäre nicht immer hervorrufen, üben wol im modernen Staat keinen nennenswerten Einfluss, bei einfacheren Culturverhältnissen aber bildeten sie eine Hauptquelle des Nationalreichtums. Die Vermögensbildung ging damals grossenteils auf sie zurück, so dass die Selbstsucht nicht absolut als negative Tendenz anzusehen wäre. Die Verbreitung der Culturelemente, die Scheidung der Stände auf diesem Wege hatte eine nicht zu unterschätzende Bedeutung; nähere Untersuchungen in dieser Beziehung liegen jedoch nicht im Rahmen der gegenwärtigen Abhandlung. In neuerer Zeit haben, wie mehrfach bemerkt worden ist, jene selbstsüchtigen Handlungen zugenommen, welche weniger Mut und mehr Schlauheit erfordern, auch die Hoffnung bestehen lassen, selbst im Fall der Entdeckung nicht dem Strafgesetz zu verfallen. Diese Handlungen sind die wirtschaftlich gefährlichsten, ihr Umfang ist ein sehr bedeutender. In ihren Bereich gehört z. B. das wucherische Hinaufschrauben der Preise irgend eines notwendigen Artikels des täglichen Bedarfs auf das doppelte oder mehrfache der Productionskosten. Es liegt darin eine Provocation der Gesellschaft, welche mit Repressivmassregeln beantwortet werden sollte.

Ungleich verhalten sich in Bezug auf den Egoismus die Geschäfte des Tausches einerseits, die des sonstigen Erwerbes und der Verteilung andererseits, die ersteren stehen besonders entschieden unter dem Banne des Egoismus, so dass nur durch Beseitigung des freien Tauschgeschäftes eine Ausschliessung des Egoismus aus dem Wirtschaftsleben möglich würde. Hingegen vollziehen sich die Geschäfte der Verteilung in überwiegend altruistischer Weise, soweit sie nicht unmittelbar auf dem Tauschgeschäft beruhen.

Drittes Capitel.

Die Functionen des Altruismus.

Egoistische und altruistische Wirtschaftlichkeit als Princip des Wirtschaftslebens. Fiction der ausschliesslichen Herrschaft des Altruismus. Altruistisches Äquivalent der wirtschaftlichen Leistung: Voller Ersatz der Productionskosten. Consequenzen des Princips. Überschuss des Productionsertrages über die Productionskosten und Verwendung des ersteren: Erhaltung der wirtschaftlich Unselbstständigen. Abgeleitete Güterverteilung. Befriedigung der Bedürfnisse zweiter Ordnung. Blosse Idealität dieses Zustandes. Factisches Walten des Altruismus, wo der Egoismus seinen Dienst versagt, so beim Fehlen des wirtschaftlichen Äquivalents für eine wirtschaftliche Leistung. Der nicht organisirte Altruismus. Die Familie. Notwendigkeit ihrer Einbeziehung in die Wirtschaftstheorie. System von liberalen Akten als Grundlage der Familienwirtschaft. Bedeutung derselben für Volk und Menschheit. Das caritative System. Altruismus im Verkehr. Der organisirte Altruismus. Altruistische Natur aller staatlichen und corporativen Gemeinschaften. Der Zwang kein Merkmal des organisirten Altruismus. Unmöglichkeit eines Egoismus altruistischer Organisationen. Entgeltlichkeit und Altruismus kein Gegensatz. Individualismus und Collectivismus in ihrer Bedeutung und ihrem Verhältniss zum Altruismus.

Die Wirtschaft der menschlichen Gesellschaft muss dem Princip der Wirtschaftlichkeit folgen, m. a. W. sie muss zweckmässig sein, um dem Bedürfniss nach materiellen Gütern Genüge leisten zu können. Sie kann das auf doppelte Weise: Entweder auf dem Boden des Egoismus oder auf dem des Altruismus. Daran wird die Theorie der Wirtschaft sich zu halten haben.

„Die wirtschaftliche Socialtheorie" sagt Dietzel[1]) „sucht der Aufgabe einer Causalanalyse der wirtschaftlichen Socialphänomene und einer Formulirung ihrer Gesetze dadurch beizukommen, dass sie eine Gesellschaft fingirt, welche allein durch das Wirken wirtschaftlicher Factoren sich gebildet hat und in welcher die auf bestimmte, wirtschaftlich relevante (d. h. die wirtschaftliche Lage der einzelnen Wirtschaftssubjecte, bezüglich Klassen, beeinflussende) Ereignisse reagirenden Wirtschaftssubjecte einzig und allein durch ihr wirtschaftliches Interesse geleitet werden und dasselbe nach der Richtschnur des „wirtschaftlichen" Princips zum Ausdruck bringen."

Unter wirtschaftlichem Interesse wird hier das wirtschaftliche Selbstinteresse verstanden, und man wird wol tun, den Ausdruck Interesse, da ihm nun einmal die egoistische Färbung anhaftet, auf diesen Gebrauch zu beschränken. Allein es kann auch eine Gesellschaft fingirt werden, welche durch das Wirken speciell altruistischer Wirtschaftsfactoren gebildet ist, eine Fiction, die sich von der Wirklichkeit nicht weiter entfernen wird, als diejenige, welche die gesammte Wirtschaft auf das frei wirkende Selbstinteresse zurückführt. Eine eigentliche Utopie braucht aber nicht construirt zu werden, da die erwünschte Isolirung des Altruismus dieses Kunstbehelfes nicht bedarf.

Herrschaft des Altruismus ist nur insofern denkbar, als kein freier Verkehr besteht, Production und Consumtion vielmehr von Organen einer Gemeinschaft in altruistischem Sinne geleitet werden. Diese Organe haben den Mitgliedern der Gemeinschaft den grössten wirtschaftlichen Vorteil mit dem geringsten wirtschaftlichen Opfer zuzuwenden und werden diesem Grundsatz gemäss das Äquivalent bestimmen, welches jeder Arbeiter — jeder Producent für sein Product resp. für seine wirtschaftliche Leistung zu erhalten hat. Das für die Gemeinschaft vorteilhafteste Äquivalent wird dann auch verwirklicht werden. Da nun die Mitglieder der Gemeinschaft in den Stand gesetzt werden sollen, mit möglichst geringen Opfern das für sie Notwendige zu erwerben, so erscheint wirtschaftlich geboten das niedrigste

---

[1]) a. a. O. 219.

Aquivalent. Das niedrigste Äquivalent aber, durch welches die Fortdauer einer vollkommenen Production bedingt zu sein pflegt, ist der volle Ersatz der Productionskosten. Dieser volle Ersatz und selbst noch ein gewisses Plus darüber hinaus wird aber auch gewährt, selbst wenn die Fortdauer der Production ihn nicht unumgänglich erforderlich machen würde, denn die altruistische Gesellschaft sieht ihr wirtschaftliches Gedeihen im wirtschaftlichen Gedeihen ihrer Mitglieder, sucht also denselben zu gewähren, was zu solchem Gedeihen unentbehrlich erscheint. Den Gravitationspunkt, nach welchem die Festsetzung des Äquivalents der Leistungen streben wird, bildet der volle Ersatz der Productionskosten, da so und nicht anders dem wirtschaftlichen Princip mit Rücksicht auf die Masse der Gesellschaft Genüge geleistet wird.

Zum vollen Ersatz der Productionskosten gehört namentlich auch Alles, was zur ungeschmälerten Wiederherstellung der subjectiven Arbeitskraft durch materielle Befriedigungsmittel geleistet werden kann: Ein besonders wichtiger Punkt, da gerade hier die Möglichkeit vorliegt, die Production fortzusetzen, auch wenn jener Ersatz hinter den Productionskosten stetig zurückbleibt[1]. Hingegen muss der Verbrauch an umlaufendem Sachkapital immer voll ersetzt werden. Dieses Kapital brauchte unter diesen Voraussetzungen bei altruistischer Wirtschaftsordnung nicht notwendig Eigentum der herrschenden Gemeinschaft zu sein. Das Eigentum hätte für sich den Vorteil einer für den Eigentümer der Productionsmittel erleichterten Production, könnte aber weder Vorteile der Conjunctur und des Monopols noch einen Unternehmergewinn mit sich führen. Gehört der Producent nicht zu den Mitgliedern der wirtschaftenden Gesellschaft, so dass sein wirtschaftliches Wolbefinden für dieselbe nicht mehr Zweck ist, so wird sofort die Tendenz entstehen, das Äquivalent der Producte unter die Productionskosten herabzudrücken, bis zu dem Punkt, wo eine weitere Herabsetzung das Eingehen der Production herbeiführen müsste. Die Sklaven werden gezwungen,

---

[1] Vgl. Dargun, „Arbeitscapital und Normalerwerb" in der Ztschft. f. ges. Staatswiss. 1884. S. 514 ff.

"so viel hervorzubringen, als die Gewalt aus ihn erpressen kann, und so wenig zu verbrauchen, als das Interesse ihrer Herren gestatten wollte".

Die Berechnung des Productionsäquivalents ergibt sich aus einer Analyse der Productionsfactoren und beruht auf dem vollen Ersatz jedes Productionsfactors inbesondere und zwar bei einer Wirtschaft ohne freien Verkehr in einem Ersatz in specie, welcher allerdings, so weit er Äquivalent der persönlichen Arbeitsleistung zu sein bestimmt ist, durch gesellschaftlich anerkannte Wertzeichen ermittelt werden kann.

Der durchschnittliche Productionsertrag übersteigt erfahrungsgemäss das volle Äquivalent der Productionskosten, und reicht hin, jene Mitglieder der Gesellschaft zu erhalten, die ausser Stande sind, selbst zu produciren[1]). Diese Aufgabe ist so fundamentaler Art, dass sie gelöst werden muss und nur auf altruistische Weise kann sie gelöst werden, wie immer die Organisation der menschlichen Wirtschaft beschaffen sein mag. Sollte das Ausserordentliche eintreten, dass die Production nicht mehr Güter erzeugen sollte, als zum vollen Ersatz ihrer Kosten gehört, so müsste die Gesellschaft diesen Ersatz unter sein volles Maass so weit sinken lassen, um die wirtschaftlich Passiven zu erhalten. Auf welche Art dieser Zweck verwirklicht wird, ist in hohem Grade unabhängig von der Organisationsform der Gesellschaft. Auch wo die letztere in grosse altruistische Kreise organisirt ist, denen die kleineren altruistischen Kreise unterworfen sind, pflegen jene Tätigkeiten den letzteren überlassen zu sein. Dennoch liegt die Verwirklichung derselben den Organen der grossen Gemeinschaften ob, welche sofort in Wirksamkeit treten, wo ein kleinerer Kreis seiner altruistischen Aufgabe gar nicht oder nicht entsprechend genügt, oder wo productionsunfähige Individuen kleineren Kreisen nicht angehören. In solchem Falle treten die grösseren Kreise, bis zu den weitesten, die keine politischen Grenzen kennen, in

---

[1]) Ein Irrtum ist es zu glauben, die Erhaltung der Familie des Arbeiters gehöre zum Ersatz der Selbstkosten der Arbeit. Höchstens die Erziehung eines Kindes wäre als teilweiser Ersatz für die Arbeit eines Arbeiters aufzufassen. Vgl. die citirte Abhandlung.

die Lücke ein und besorgen die wirtschaftliche Erhaltung der Bedürftigen.

In zweiter Linie haben die Überschüsse der materiellen Production über ihre Kosten zur wirtschaftlichen Entlohnung derjenigen Arbeiter zu dienen, welche nicht direct an der materiellen Production beteiligt und in diesem Sinn wirtschaftlich passiv sind. Auch für die Producenten immaterieller Güter, für jeden, „der sich mit wissenschaftlicher oder künstlerischer Production befasst oder der in jenen stehenden oder wechselnden gesellschaftlichen Auftragsgeschäften verwendet wird, die heute mit dem Begriffe Amt bezeichnet werden", muss Ersatz der Productionskosten, die von Rodbertus sogenannte „abgeleitete Güterverteilung"[1]), stattfinden. Der Begriff einer gesellschaftlichen Organisation, die Bedürfnisse der Erziehung bringen es mit sich, dass solche Functionäre bestehen müssen, nur bei einem Sinken der Civilisation unter das Niveau ihrer armseligsten Ausgangspunkte könnte man dieselben entbehren. Ihnen wesentlich liegt Herstellung und Erhaltung der Bedingungen ob, von welchen die regelmässige wirtschaftliche Bewegung, namentlich aber die über den vollen Ersatz der Productionskosten hinausgehenden Genüsse der Producenten abhängen. Selbst wenn alle Menschen freiwillig danach trachten würden, altruistisch zu handeln, wäre eine Organisation ihrer Handlungen nicht zu entbehren. Die ganze Menschheit wäre wol wie eine Familie, aber ein Irrtum wäre es, zu glauben, dass sie darum keine Rechtsordnung brauchte. David Hume irrte demnach, indem er dem Recht einen bloss repressiven Charakter zuschrieb, während er andererseits richtig betonte, der Nutzen Aller, die Sorge um das Gesammtwol sei Ursache alles Rechtes. Denn wirklich sind es die altruistischen Tendenzen allein, welche die Rechtsordnung erzeugt haben.

Ausserhalb der Sphäre der materiellen Befriedigungsmittel, welche ihrer Natur nach einzelnen Individuen dienen und beschafft werden müssen, wenn überhaupt eine menschliche Wirtschaft existiren soll, befindet sich eine weite Sphäre von Gütern, welche zu gemeinsamer Benützung des altruistischen Verbandes

---

[1]) Kozak, Rodbertus, S. 205.

geeignet und teilweise unentbehrlich erscheinen. Die Production solcher Güter wird durch die Organe der Gemeinschaft mit Hülfe des Überschusses aller andern Productionen über ihre Kosten besorgt. Aus der Bedeutung und unendlichen Dehnbarkeit dieser Gemeinbedürfnisse, dieser allen in gleichem Maass zugänglich gemachten Genüsse, folgt die Tendenz der Gemeinschaft, jenen gesammten Überschuss zur Befriedigung der ersteren zu verbrauchen. In diese Kategorie gehört alles, was für den Verkehr, die Bildung und das Vergnügen an gemeinnützigen Anstalten geschaffen werden kann.

Dies im Wesentlichen die Principien, welchen sich die altruistischen Handlungen unterordnen. Zu unterscheiden ist hiebei die Befriedigung der Bedürfnisse erster Ordnung und die der Bedürfnisse zweiter Ordnung (Wagner). Diejenigen erster Ordnung können zum Teil nicht anders als auf altruistischem Wege befriedigt werden, dasselbe gilt von einem geringeren Bruchteil der Bedürfnisse zweiter Ordnung. — Jene Principien sind weit entfernt davon, ein politisches Programm sein zu wollen, sie sind nichts anderes als ein Bild der reinen Wirkungen des Altruismus, wie sie sich, soweit nicht mächtigere Factoren entgegenstreben, tagtäglich vollziehen, seit wirtschaftende Socialverbände existiren. Das skizzirte Bild in seiner Integrität ist der Wirklichkeit gegenüber ebenso utopisch, als die auf frei wirkendem Selbstinteresse allein beruhende Socialwirtschaft. Ausschliessliche Herrschaft des Altruismus ist de facto kaum jemals rein zur Verwirklichung gekommen. So weit historische Erfahrung reicht, sind vielmehr die beiden Grundformen der Wirtschaft: Egoismus und Altruismus immer neben einander gestanden, doch herrschte abwechselnd die eine und die andere vor.

Der Altruismus äussert sich überall, wo ein wirtschaftliches Bedürfniss fühlbar wird, zu dessen Befriedigung der Egoismus unfähig erscheint, überall, wo für andere gehandelt werden muss, ohne wirtschaftliche Gegenleistung und überhaupt wo immer die notwendig gewordenen wirtschaftlichen Handlungen nicht unternommen würden, weil sie keine Rente versprechen. Der Lohn — im weitesten Sinn des Wortes: materielles Arbeitsäquivalent — versagt eben seinen Dienst, wo seine Voraussetzungen fehlen:

so beim Armen, der kein Vermögen hat, also ausser Stande ist, Lohn zu bieten, und beim Reichen, den der Lohn nicht lockt, der daher nicht geneigt ist, ihn anzuehmen. Für diese beiden Klassen von Personen existirt in diesem Punkt der Verkehr nicht; sie stehen in dieser Beziehung ausser dem Verkehr. „Gäbe es nun keine anderen Triebfedern ausser dem Lohn, so müssten die Armen und Arbeitsunfähigen verhungern und die Reichen würden die Hände in den Schooss legen und lediglich das Kapital für sich arbeiten lassen, ihre Arbeitskraft und ihre Talente würden der Welt verloren gehen, die Gesellschaft würde also damit eine wesentliche Einbusse erleiden[1]). Hier öffnet sich also ein weites Herrschaftsgebiet der positiven Tätigkeit des Altruismus. Andererseits betätigt sich derselbe gegenüber den äussersten Auswüchsen des Egoismus, gegenüber der Selbstsucht in einer mehr oder minder wirksamen Repression. Zur Erfüllung seiner an Wichtigkeit immer zunehmenden Aufgabe zieht er einen stetig wachsenden Teil des Einkommens der Einzelnen herbei und nähert sich so dem Ziele alleiniger Herrschaft, ohne es je zu erreichen.

Die Ursache, warum der Altruismus in seinen wichtigsten Beziehungen so oft ignorirt wurde, ist sein Zurücktreten im Leben der Familie und Corporation. Der Grund dieses Zurücktretens aber ist, dass Familie und Corporation nicht bloss der materiellen Bedürfnissbefriedigung und noch weniger geschäftlichen Gewinnes wegen vorhanden zu sein scheinen. Wie man den wirtschaftlich materiellen Wert des einzelnen Menschen verhältnissmässig spät und bis jetzt nur unvollkommen erkannt hat, weil man überall, wo von Menschen die Rede war, ihre geistige und ethische Seite und ihre moralischen Ansprüche zu ausschliesslich im Auge hatte, so hat man, wo von der Familie die Rede war, vor allem ihre rechtliche und ethische Seite berücksichtigt, der wirtschaftlichen gar nicht oder nur im Vorübergehen Beachtung geschenkt, während gerade diese als Ausgangspunkt gar vieler rechtlicher und ethischer Entwicklungen, so wie als ewige Grundlage des menschlichen Lebens besondere Aufmerksamkeit

---

[1]) Ihering, Zweck im Recht. II, 5.

verdient hätte. Dasselbe gilt von den Corporationen. Auch sie sind in grosser Regel nicht bloss für wirtschaftliche Zwecke bestimmt. Andere Zwecke stehen im Vordergrund. Deshalb übersah die Theorie durch lange Zeit die Bedeutung ihrer wirtschaftlichen Functionen. Daher die unberechtigte Geringschätzung des Altruismus in der Nationalökonomik und die dringende Notwendigkeit ihrer Reform.

Die Einbeziehung der Familie in das Gebiet der Nationalökonomik ist von derselben wiederholt abgelehnt worden. Frau und Kinder, meinte man, seien das erweiterte „Ich" des Handelnden, er handle für sich, indem er für sie handle[1]). Deshalb sei solchen Handlungen in der nationalökonomischen Betrachtung kein oder ein sehr geringer Platz einzuräumen. Diese angebliche Indentität von Frau und Kindern mit dem Handelnden ist aber nur ein fälschlich hypostasirter Vergleich und nichts anderes: Man handelt für Frau und Kinder wie für sich selbst. Sie sind gleichsam ein Teil des Handelnden. Mann und Frau sind gleichsam ein Körper mit zwei Seelen. Diese Vergleiche wurden in ihrer buchstäblichen Bedeutung acceptirt und führten schliesslich zur Consequenz, Handlungen für Frau und Kinder für egoistische zu erklären, denn wer für sich handelt, handelt egoistisch.

Das aber heisst doch völlige Identität setzen, wo offenbare Verschiedenheit obwaltet. Es heisst einen Vergleich mit einer Realität verwechseln, die begrifflich unmöglich ist. Eins ist nicht zwei und zwei sind nicht eins. Handle ich ökonomisch für meine Frau und meine Kinder, so handle ich ökonomisch nicht für mich selbst, sondern für andere Personen, mögen dieselben mir auch noch so teuer und noch so nahe verwandt sein. Weil Frau und Kinder mir auf das engste verbunden sind, verlange ich von ihnen kein wirtschaftliches Äquivalent für das was ich ihnen biete; von der Frau in der Regel weitaus kein vollkommenes Äquivalent, von den Kindern gar keins. Sie leben davon was ich gebe, ohne selbst wirtschaftlich zu produciren. Wol

---

[1]) Über den Einfluss dieser Idee im Recht vgl. Ihering, Zweck. I. 208 Note.

gibt das Familienleben dem Ernährer der Familie, dem Familienvater, ein Äquivalent, in der Mehrzahl der Fälle ein äusserst günstiges Äquivalent für seine Leistungen, allein doch kein wirtschaftliches Äquivalent; darum ist seine Handlung nicht wirtschaftlich egoistisch. Deshalb ist das Familienverhältniss kein geschäftliches, das Nähren und Kleiden der Kinder kein Geschäft. Es ist nicht egoistisch im ökonomischen Sinn, aber doch sicher ein ökonomisches Verhältniss, eine den Tauschverträgen an Wichtigkeit doch mindestens ebenbürtige Tatsache. Ebenso wie der Mann handelt auch die Frau in der Familie den Kindern und dem Gatten gegenüber altruistisch. Ihre wirtschaftlichen Handlungen finden statt ohne speciellen Entgelt, sie verlangt und erhält keinen Lohn und verharrt auf ihrem Posten auch bei einer Lage, welche jede fremde Person veranlassen würde, eine ähnliche, ihr zugemutete Tätigkeit weit von sich zu weisen. Man denke an die Zubereitung der Speisen, an das Anfertigen und Ausbessern der Kleidungsstücke, namentlich für die Kinder, an die tausend persönlichen Dienstleistungen, wie Krankenpflege u. s. w. Dies alles tritt in der nationalökonomischen Betrachtung zurück, weil es sich im kleinsten Kreise vollzieht, nicht nach aussen sichtbar wird, auch gewohnt und selbstverständlich erscheint. Und doch bildet es ein hochwichtiges Glied der productiven Wirtschaftstätigkeit. Sollte es einmal dahin kommen, dass man ernstlich versuchen sollte, den Familienverband in ökonomischer Beziehung durch einen weiteren Verband zu ersetzen, so würde sofort die gewaltige Schwierigkeit hervortreten, die hier in zahllosen kleinen Werkstätten des Lebens vollzogene Arbeit in concentrirter und doch befriedigender Weise vorzunehmen. Was sich für Hunderte und Tausende tun lässt, würde einen Apparat von bisher unerreichbarer Vollkommenheit voraussetzen, wenn es für Millionen durchgeführt werden sollte.

Käme der Altruismus nirgends anders zur Geltung, als im engen Kreis der Familie, so würde das an und für sich genügen, um ihn zu einer dem Egoismus ebenbürtigen Bedeutung zu erheben. Eine Volkswirtschaftslehre, welche dem Altruismus diese Stellung nicht zuerkennt, ist demgemäss keine vollkommene Volkswirtschaftslehre.

Das Problem der Verteilung der wirtschaftlichen Güter, welches so wichtig ist, dass manche Forscher es zum einzigen der Nationalökonomik zu machen gedenken, ist wesentlich von der Familie abhängig. Imponirend in seiner wirtschaftlichen Grösse ist das Factum, dass Hunderte von Millionen Menschen erhalten werden, welche consumiren ohne zu arbeiten; ohne zu arbeiten, weil sie noch nicht oder nicht mehr zur Arbeit befähigt sind. Ihnen zu Liebe versagt sich das wirtschaftlich active Mitglied der Familie materielle Genüsse: Die Wirtschaft nimmt in der Sphäre der Consumtion und daher schliesslich auch in der Sphäre der Production eine andere und ohne Zweifel gesündere Gestalt an, als etwa in einem familienlosen Gesellschaftsleben. So weit wenigstens die Erfahrung reicht, ist die Tendenz zu verschwenderischem und luxuriösem Leben bei ledigen Personen eine sehr starke, während die Ausgaben der wirtschaftlich activen Familienglieder einen altruistischen, nützlichen, ja einen productiven Charakter annehmen, indem sie dahin wirken, der Kraft und Gesundheit, der geistigen und materiellen Tüchtigkeit, dem Arbeitskapital der Gesellschaft die physischen Grundlagen zu schaffen und zu erhalten. — Der grosse Verkehr ist vergleichbar dem an düngender Gletschermilch reichen Strom, die Familien den zahllosen Canälen, die von seinen Ufern landeinwärts gezogen sind und die Felder der Menschen weit und breit befruchten.

Die Erhaltung der Kinder und Alten, die „Alimentation", ist juristisch genommen ein durchaus liberaler Akt. Die Alimentirten geniessen, „lucriren" das Gebotene ohne Gegenleistung. Würde nicht die eigentümliche ethische Bedeutung der Familie zu einer selbstständigen Gestaltung ihres Güterrechtes führen, so müsste die Alimentation den liberalen Verträgen beigeordnet werden und als ein System fortgesetzter Schenkungen an die Alimentirten erscheinen. Man sieht wol, wie scharf hierin die altruistische Natur der Familienwirtschaft zu Tage tritt. „Der Mensch, und wäre er der reichst Geborene, kommt hülflos zur Welt. Sein Leben würde, ohne die Sorge anderer um dasselbe, kaum einen Tag dauern. Glücklicherweise umgibt treue Elternliebe und besonders Mutterliebe den Menschen von seiner Geburt ab, ja schon vor derselben, und begleitet ihn aufopferungsvoll durch die Jugendzeit"¹). Was für Leistungen auf diesem Wege zu Stande kommen, erhellt aus den einfachsten statistischen Daten. Rümelin gibt in Schönbergs Handbuch²) die folgenden Zahlen: „100 im productionsfähigen Alter stehende Erwachsene haben im Unionsgebiet 68, in Deutschland 59, in Frankreich 45 Unproductive zu erhalten³), wobei — für einen Teil der Bevölkerung offenbar zu niedrig — als unproductiv das Alter von 0—15 Jahren angesetzt ist." Die Hälfte aller Menschen, in der Union und Deutschland weit über die Hälfte, leben demnach bloss von der Arbeit anderer, durch die Wirkung des Altruismus. Und dieser Zustand ist als normal, ja als gesund, durchaus nicht als krankhaft anzuerkennen. Die Aufstapelung der Arbeitskraft, die Ansammlung des persönlichen Arbeitskapitals, welches sich schätzen lässt und an materiellem Wert das Sachkapital jeder Nation weit hinter sich lässt, ist durchaus eine Function des Altruismus. Diese durch Natur, Gewohnheit und Recht unterstützte Tendenz umfasst tatsächlich einen noch weit beträchtlicheren Teil der Bevölkerung als den von Rümelin ausgewiesenen; Personen über 15 Jahre wegen längerer Erziehungsdauer, Ehefrauen, die wirtschaftlich weniger leisten als erhalten, die alten nicht mehr Arbeitsfähigen, sofern sie nicht von eigenem Sparpfennig zu leben vermögen, zahlreiche Invaliden, Kranke u. s. w. Die Erhaltung dieser Personen wird durchwegs in erster Linie von der Familie und nur subsidiär von weiteren Kreisen besorgt. Es ist schwer verständlich, wie eine Tatsache von solchem Gewichte von den meisten Forschern auf dem Gebiet der Nationalökonomie unbeachtet bleiben konnte. Es war damit aber wie mit den verborgenen Posten mancher Rechnungen: sie stecken darin, aber man sieht sie nicht. Das Princip des Egoismus reicht offenbar nicht hin, diese Erscheinungen zu erklären. Wo das Kind im Hause des Vaters genährt wird, wird man nicht von einer Wirtschaft des Vaters und des Kindes sprechen; es ist nur die eine Wirtschaft des Vaters vorhanden. Um so weniger

---

¹) Engel, Der Wert des Menschen. Berl. 1883. S. 36 f. — ²) I. S. 1210. — ³) Vgl. Schaeffle, System II³ 91 ff.

wird man hier die Herrschaft des wirtschaftlichen Princips im Sinne Dietzels zugeben dürfen. Der Vater handelt in Bezug auf seine Kinder entschieden gegen dieses Princip. Und doch sind diese ökonomischen Handlungen vielleicht die wichtigsten im Bereich der menschlichen Wirtschaft.

Bei Schaeffle[1]) findet sich zum ersten Mal eine Analyse der ökonomischen Functionen der Familie in genauerer Weise durchgeführt. Wir verweisen trotz mancher Differenzpunkte darauf, weil unsere Aufgabe sich auf den Nachweis des Altruismus in der Familie zu beschränken hat. Das Detail in Betreff der ökonomischen Bedeutung derselben ist so gut wie ununtersucht und wird wol monographischer Behandlung bedürfen, bevor es allgemeinen Eingang in die Lehrbücher findet. Sehr bemerkenswert sind Schaeffle's Ausführungen über das Familienvermögen[2]). Auch historisch ist hier noch sehr viel auszubauen.

Jedenfalls sind die liberalen Akte im Kleinen und Kleinsten viel zu wichtig, als dass man von vornherein darauf verzichten sollte, allgemeine Wahrheiten in Bezug auf sie zu suchen. Kommen die betreffenden Gesetzmässigkeiten beim einzelnen Akte nicht scharf genug zur Erscheinung, so darf man doch erwarten, dass Massenbeobachtungen einer künftigen Forschung ein zur Induction hinreichendes Material liefern werden[3]).

Selbst wenn wir uns darauf beschränkten nachzuforschen, inwieweit die altruistischen Bestrebungen dort wo ihnen kein gesellschaftlicher Organismus dienstbar geworden, also bei freiem wirtschaftlichem Verkehr zur Geltung gelangen, werden wir diese Wirkungen höchst bedeutend finden. Was der Freund beim Freund, der Genosse beim Genossen, der Arme beim Reichen geniesst, was für Woltätigkeit, Gastfreundschaft, Galanterie jährlich verbraucht wird, muss wol — wenn wir auch statistische Daten nicht beizubringen vermögen — einen wesentlichen Posten im Budget der wirtschaftenden Gesellschaft ausmachen. Gehören doch hierher alle liberalen Verträge, nach Iherings Schema die Schenkung, unter welche ein grosser Teil des caritativen Systems

---

[1]) a. a. O. u. S. 7. — [2]) daselbst 517—526. — [3]) Vgl. die klassische Ausführung bei Rodbertus, Kapital S. 91 ff. Note.

einzubeziehen ist, das Commodat, Precarium, das unverzinsliche Darlehen, das Mandat, Depositum und die unbeauftragte Geschäftsführung[1]). Den tiefgehenden Einfluss solcher altruistischer Akte fühlen wir im Leben Schritt auf Schritt in günstigem und auch in ungünstigem Sinne. An der Spitze der angeführten Verträge steht als Grundlage des caritativen Systems die Schenkung.

Caritatives System aber nennen wir die Gesammtheit der Handlungen, welche die wirtschaftliche Befriedigung der erwerbsunfähigen Personen, resp. das Aufbringen der Mittel hiezu zum nächsten Zweck haben, soweit die Familie dieser Aufgabe nicht gewachsen erscheint. Diese Bestimmung weicht nicht unwesentlich von derjenigen Wagners ab, dennoch kann diesbezüglich auf den achten Abschnitt der Wagner'schen Grundlegung verwiesen werden[2]). Hervorzuheben ist, dass sowol Individuen als Gemeinschaften die das caritative System ausmachenden Handlungen vornehmen können, dass also in einer Einteilung der altruistischen Handlungen nach der Verschiedenheit des handelnden Subjects das caritative System keinen Raum finden sollte. Vielleicht ist hier der Name System nicht völlig angemessen, doch mag die innere Verwandtschaft und die wechselseitige Beeinflussung der dahin gehörigen Akte denselben entschuldigen.

Selbst aus dem eigentlichen Herrschaftsgebiet des Egoismus, aus dem freien Tauschverkehr lässt sich das altruistische Element

---

[1]) Ihering, Zweck, I, 461 ff. — [2]) Kapitel 3 dieses Werkes, wozu auch der citirte Abschnitt gehört, trägt die Aufschrift: „Die Organisation der Volkswirtschaft". Trotzdem ist hiemit nicht das bewusst Gemachte in der Volkswirtschaft gegenüber dem was Dietzel Socialwirtschaft nennt, gemeint. Wir glauben vielmehr, dass es sich hier um eine Analyse der nationalökonomischen Erscheinungen handelt, welche von der einzelnen Wirtschaft unabhängig sind und dem Wesen der Volkswirtschaft im Allgemeinen entspringen. Wagner hat also, wenn wir ihn recht verstehen, unter Organisationsprincipien der Volkswirtschaft nicht bloss jene Principien begriffen, nach welchen dieselbe planmässig organisirt wird, sondern allgemein die Principien, nach denen sie organisirt ist, ohne Rücksicht auf die Entstehungsart des Organismus. Beweis dafür ist das Einbeziehen des auf frei waltendes Selbstinteresse zurückgeführten privatwirtschaftlichen Systems in die Einteilung.

nicht hinweg leugnen, wenn auch seine Rolle in dieser Beziehung mehrfach tendenziös übertrieben worden ist, auch ihre ziffermässige Feststellung kaum jemals gelingen dürfte. Der Verkehr im Grossen ist das Facit einzelner Verkehrshandlungen, wenn also der Altruismus in einem grossen Teil derselben zum Durchbruch gelangt, muss sich die Summe dieser, in der gleichen Richtung tätigen Einwirkungen in beachtenswerter Weise fühlbar machen. Es bilden sich gewisse Überzeugungen von dem was billig und recht ist und dies hält eine Mehrzahl von Geschäftsleuten davon ab, dem Princip der egoistischen Wirtschaftlichkeit unbedingt zu folgen, nähert also im selben Maasse ihre Handlungen dem Grundsatz altruistischer Wirtschaftlichkeit.

Noch entschiedener wirkt die Tatsache, dass der Verkehr niemals vollkommen frei ist, überall vielmehr in weiterem oder geringerem Umfang ein Teil der altruistischen Principien durch die Organismen des Altruismus verwirklicht wird. Dies ist wieder keine an eine concrete Volkswirtschaft gebundene Erscheinung, es ist eine allgemeine Erscheinung der wirtschaftenden menschlichen Gesellschaft. Hierher gehört speciell die Repression der Selbstsucht: die Bekämpfung und Unterdrückung der Verbrechen gegen das Eigentum, das Tarifwesen, die Arbeitergesetzgebung und vieles andere. Wird, wie dies die Regel ist, die Verwendung des gesammten Wertüberschusses des Products über den vollen Ersatz der Productionskosten zu Zwecken der Gemeinschaft durch irgend welche Umstände verhindert, so wird diese — und dies gilt namentlich auch von engeren Gemeinschaften, wie die Zunft — dahin streben, ihren Mitgliedern den höchsten wirtschaftlichen Vorteil auch über die Productionskosten hinaus unmittelbar zuzuwenden, keinem von ihnen aber einen so hohen Vorteil, dass die andern dadurch Schaden nehmen müssten. Daher einerseits nach aussen hin strenges Festhalten am Grundsatz der Wirtschaftlichkeit in den Handlungen der geschlossenen Gemeinschaft, andererseits die erwähnte Repression der Selbstsucht.

Dem nicht organisirten Altruismus, wie er bei Handlungen einzelner Personen in und ausserhalb der Familie hervortritt, steht als gleich bedeutsamer Factor der organisirte Altruismus gegenüber, der Altruismus des Vereins und der Corporation. Ein völlig isolirter Mensch kann nur selbstsinnig handeln, sobald aber eine dauernde Vereinigung von Menschen sich bildet, entsteht und wächst mit ihr der wirtschaftliche Altruismus. Dass auch hier schliesslich einzelne Personen Vorteil daraus ziehen, ist selbstverständlich; in letzter Linie muss jedes Handeln zu Gunsten einer Gesammtheit Einzelnen zu Gute kommen, allein kein Einzelner ist hier handelnd und zu Gunsten keines Einzelnen wird gehandelt. Es handeln die Vertreter einer Gesammtheit zu Gunsten dieser Gesammtheit, während der Egoismus mit allen seinen Abarten begriffsmässig in einem Handeln des Einzelnen zu seinen eigenen Gunsten besteht. Zahlreiche altruistische Organismen sind zugleich Zwangsgenossenschaften in dem Sinn, dass der Beitritt zu ihnen nicht vom Willen der einzelnen Mitglieder abhängt, sondern selbst gegen ihren Willen, beim Vorhandensein gewisser formeller Bedingungen erfolgt. Die bestehenden Organismen des Altruismus erhalten sich teilweise wie die religiösen durch die Macht der Gewohnheit und des Herkommens und werden deshalb als notwendig betrachtet. Sie ergreifen jeden Einzelnen bevor er fähig ist, selbstständig zu urteilen, ohne irgend eine Möglichkeit des Widerstandes; wie Sax sich ausdrückt: der Mensch wird hineingeboren. Zwangsgenossenschaften können sie ferner auch in wirtschaftlicher Beziehung genannt werden, weil sie den Einzelnen zu derjenigen wirtschaftlichen Handlungsweise zwingen, welche der Gesammtheit, nach der Ansicht der in ihnen maassgebenden Factoren am zuträglichsten ist, andererseits ihn an wirtschaftlichen Handlungen hindern, welche für die Gesammtheit schädlich sein sollen. Ausser den erwähnten Repressivmaassregeln gegen Raub, Diebstal, Betrug, Veruntreuung gehören ferner hierher die civilrechtlichen Nachteile, welche denjenigen bedrohen, der ein gerechtfertigtes Vertrauen getäuscht oder sonst einen anderen in wirtschaftlicher Hinsicht verletzt hat (Schadenersatz). Das Übergewicht des Altruismus kommt demnach darin zur Geltung, dass er ausgestattet wird mit dem äusseren Zwang, um den widerstrebenden Egoismus zu brechen.

Ein Irrtum wäre es jedoch, den Zwang als kennzeichnendes

Merkmal der Organismen des Altruismus anzusehen. Ihr einziges Kennzeichen ist in Wahrheit die Richtung auf den wirtschaftlichen Vorteil einer Gemeinschaft, welcher durch Organe dieser Gemeinschaft, d. h. durch die hiezu berufenen und verpflichteten Personen verfolgt wird. Der Zwang ist dieser Rücksicht untergeordnet und erscheint nur als Mittel zum Zweck, wo man seiner nicht entbehren zu können glaubt.

Je weiter ein Verband ist, welcher das Leben des Einzelnen umfasst und regelt, desto weniger wird darin das Sonderinteresse des letzteren berücksichtigt. Dasselbe kommt zur Geltung nur, wo es mit dem Interesse der Gesammtheit nach der Ansicht ihrer Organe nicht in Widerspruch steht, eine Tendenz, die sich immer gleich bleibt, wenn auch die Ansichten über das was nützlich und schädlich ist sich ändern. Daher kann in einer Zeit durch die Gesammtheit verhindert und unterdrückt werden, was in einer andern Zeit als nützlich und erlaubt galt. Das Einzelinteresse hört zwar niemals auf, die Gesammtheit zu beeinflussen, aber es wirkt auf sie gleich dem Tropfen im Meer, als Componente, die im selben Maasse als sie eine ist gegenüber unzähligen auch mehr beeinflusst und beherrscht wird, als selbst beeinflusst und beherrscht.

Nach aussen hin beobachten auch die altruistischen Organismen ein dem Egoismus und der Selbstsucht analoges Verhalten. Nach Sax[1]) sollen auch bei obwaltendem Collectivismus, d. h. im Falle der Verfolgung wirtschaftlicher Zwecke durch Gemeinschaften, Egoismus, Mutualismus und Altruismus wirksam werden. Der Egoismus trete speciell an den Tag in den wirtschaftlichen Verhältnissen der Collectiva nach aussen. Wir könnten diese Behauptung ergänzen: Der Altruismus beschränkt sich in doppelter, sowol in räumlicher als auch in sachlicher Beziehung: räumlich gegenüber jedem ausserhalb des Verbandes stehenden — denn jeder Verband ist durch Norm oder äussere Umstände an räumliche Grenzen gebunden, sachlich gegen jedermann überhaupt, auch gegen die innerhalb des Verbandes Stehenden, soweit nicht die Zwecke in Frage kommen, um

---

[1]) l. c. 61 ff.

deren willen der Verband besteht. Ihnen gegenüber handeln die Organe der Gemeinschaft ähnlich, wie das egoistische Individuum anderen Personen gegenüber handelt. Sie suchen möglichst grossen Vorteil zu erzielen, nicht selten ohne Rücksicht auf den Nachteil oder Vorteil anderer, oder sogar mit dem Bewusstsein eines für andere daraus erwachsenden Schadens. Je enger der Kreis derer ist, für welche der Handelnde zu sorgen hat, desto entschiedener nähert sich seine Handlung dem wirtschaftlichen Effect nach einer egoistischen. Er sucht seinen Zweck zu erfüllen und vermag dies am vollkommensten, indem er den ausserhalb des Kreises Stehenden für ihre wirtschaftlichen Leistungen die geringste mögliche Gegenleistung gewährt. Je weiter der Kreis für den jemand zu sorgen hat, desto geringer die Zahl der ausserhalb desselben Stehenden, desto geringfügiger häufig auch die wirtschaftlichen Beziehungen zu ihnen. Ist derjenige, zu welchem eine Gesammtheit in wirtschaftliche Beziehungen tritt, ihr eigenes Mitglied, dann wird die erstere eine doppelte Rücksicht zu beobachten haben. Erstens die Rücksicht auf die Interessen aller Mitglieder der Gesammtheit, welche in Widerstreit mit den Interessen des einzelnen Contrahenten treten können, zweitens die Rücksicht auf diesen Contrahenten als Mitglied der Gesammtheit, da auch ihm der Grundsatz altruistischer Wirtschaftlichkeit zu Gute kommt. Aus alledem folgt nur, dass die Gesammtheiten wirtschaftlich handeln. Aber Sax irrt, wenn er von einem Egoismus der collectivistischen Verbände spricht. Collectivistische Verbände, namentlich Corporationen, sind ihrer Natur nach unfähig durch ihre Organe egoistisch zu handeln. Wenn auch die Juristen eine Corporation als handelnde Person construiren, was ja von ihrem Standpunkt ganz recht und practisch ist, dem Nationalökonomen stellt sich die Sache in anderem Lichte dar. Eine Corporation als solche ist unfähig zu handeln, es handeln für sie immer gewisse Organe nach eigenem Willen, oder nach dem in Normen gefassten Willen anderer Organe, ein Umstand, der für die Erkenntniss vom Verhältniss des Altruismus zur Corporation maassgebend ist. Die juristische Fiction, die Hypostasirung und Personalisirung der Corporation darf in die Nationalökonomik nicht hineingetragen werden.

Gestehen ja selbst die Juristen zu, die Annahme einer juristischen Person bedeute nichts anderes, als dass im gegebenen Falle so gehandelt werden solle, als wenn an Stelle der Corporation, Stiftung u. s. w. eine Person stehen würde[1]). Die practischen Gründe und Bedürfnisse, welche zu dieser Fiction geführt haben, existiren nicht für die theoretische Nationalökonomik. Dieselbe ist nur durch eine irrtümliche Identificirung der Wirtschaftlichkeit, welche auch altruistisch sein kann, mit dem Egoismus auf diesen Weg gedrängt worden. Diejenigen Organe einer Corporation, welche handeln, handeln nicht für sich selbst, während der wirtschaftliche Egoist für sich und nur für sich handelt. Nach aussen hin sehen die Handlungen dieser Organe den wirtschaftlich egoistischen ähnlich, weil auch sie wirtschaftlich sind, nach innen hin sind sie von ihnen grundverschieden. Auch die Organe der Corporation oder, wollen wir der von Rodbertus angewendeten Formulirung folgen, die Corporation im engeren Sinne, handeln mit wirtschaftlicher Klugheit, aber es fehlt ihnen das „Ego", das „Selbst", welches Voraussetzung alles Egoismus ist. Die Handelnden verfolgen das Wol einer Gesammtheit, ihnen selbst kann der Erfolg der Handlung in den meisten Fällen in wirtschaftlicher Beziehung gleichgiltig sein, in anderen Fällen steht ihr Interesse an der Handlung in keinem Verhältniss zu dem für den Zweck aufgebotenen Aufwand und zum grösseren Interesse der Gesammtheit. Gerade das was den Egoismus vorteilhaft auszeichnet, ihn zu einer woltätigen Tendenz macht, das was zu seiner Verteidigung immer wieder und wieder angeführt wird, nämlich die höchste Anspannung der Intelligenz zur Erreichung des eigenen Vorteils, geht hier vollkommen ab. Deshalb betreiben Corporationen manche Geschäfte schlechter als Individuen. Der Gewinn aus dem Unternehmen der Privaten fällt diesen selbst zu und bildet für sie den Sporn zur wirtschaftlichen Klugheit; der Gewinn aus dem Unternehmen der Corporation fällt nicht dem Handelnden selbst zu, sondern andern Personen, deshalb sind diese Handlungen altruistisch, nicht

---

[1]) Unger, System des Österr. Privatrechts VI § 7 Note 12 (S. 36). Ihering, Geist des röm. Rechtes III 336, IV 219, 342.

egoistisch und es versagen hier die mit dem wirtschaftlichen Egoismus verbundenen Triebfedern des Fortschritts. Freilich, es gibt auch einen nicht wirtschaftlichen Egoismus, ein Erstreben von nicht wirtschaftlichem Vorteil durch wirtschaftliche Mittel. Es liegt auf der Hand, dass der Altruismus mit dem wirtschaftlichen Egoismus überall in erfolgreiche Concurrenz wird treten können, wo es ihm gelingt, diesen nicht wirtschaftlichen Egoismus in seinen Dienst zu nehmen, so namentlich dort, wo die private Unternehmung gleichfalls genötigt ist, ihr Geschäft durch Personen zu betreiben, die durch Lohn und Aufsicht, nicht aber durch eigenes wirtschaftliches Interesse am Geschäft zur Arbeit veranlasst werden.

Auf eine Reihe wirtschaftlicher Handlungen hat der organisirte Altruismus eine Art von Monopol gewonnen. Dieselben gehören nicht in das Gebiet des geschäftlichen Umsatzes, und können im Durchschnitt von Einzelnen nicht mit dem gleichen Erfolge vollbracht werden. Als einziges Beispiel wollen wir die kriegerische Ausrüstung der Nationen anführen, welche in deren Dasein in wirtschaftlicher und sonstiger Beziehung eine so fundamentale und notwendige Rolle spielt. —

Man hat die Wirtschaft des Familienvaters mitunter mit der vorsorglichen Tätigkeit der Corporationsorgane verglichen. Allein diese nehmen das Geschäft von vorn herein unmittelbar für andere Personen vor, während der gute Familienvater zwar den aus einem Geschäft fliessenden Vorteil grossenteils für die Seinen aufwendet, das Geschäft aber begrifflich ein Geschäft zu seinem Vorteil, ein egoistisches Geschäft bleibt. Es steht daher bei ihm, den errungenen Gewinn anzuwenden wie er mag, und die wirtschaftliche Handlung der Verteilung ist von derjenigen des Erwerbes hier ganz unabhängig. In der Corporation, in deren Handlungsbereich das wirtschaftliche Interesse Aller oder der Mehrzahl allmächtig wird, entsteht ein von den Einzelwirtschaften unabhängiger, eventuell auch gegen das Interesse Einzelner wirksamer Factor. Erst wenn der altruistische Zweck der Corporation verfehlt und das Interesse Aller oder der Mehrheit verletzt wird, kommt auch in diesem Bereiche der Egoismus wieder zum Durchbruch und strebt darnach die Corporation zu zersetzen.

Mit wirtschaftlicher Entgeltlichkeit ist der Altruismus vereinbar: Egoismus und volle Entgeltlichkeit stehen ihrerseits nicht in unzertrennlichem Zusammenhang. Wol muss die Entgeltlichkeit mit dem wirtschaftlichen Egoismus stets Hand in Hand gehen, mit dem Grundsatze der Entgeltlichkeit ist aber nicht notwendig Egoismus verbunden Leistungen, denen eine specielle Entgeltlichkeit nicht gegenüber steht, sind in der Regel altruistisch oder mutualistisch, aber es gibt auch entgeltliche altruistische Handlungen: Verkauf einer Staatsdomäne durch die berufenen Organe des Staates; eine altruistische Verkehrshandlung mit voller Entgeltlichkeit. Bei den Beziehungen der Corporationen nach aussen ist dergleichen eine gewöhnliche, selbstverständliche Erscheinung.

Das altruistisch verfahrende Individuum ist in wirtschaftlicher Beziehung dem altruistisch handelnden Collectivum nahe gerückt, viel näher als dem egoistisch handelnden Individuum. Aus diesem Grunde ist die Gegenüberstellung von Individualismus und Collectivismus für die Lehre vom wirtschaftlichen Egoismus und Altruismus unwesentlich. Die wirtschaftlichen Handlungen der Collectiva fallen ihrem ganzen Umfange nach in das Gebiet des Altruismus, ohne es jedoch auszufüllen. Nicht sowol dem Individualismus als dem Egoismus ist der Collectivismus in dieser Hinsicht entgegengesetzt. Denn auch ein Teil der Handlungen einzelner Personen ist altruistisch: es kommt hier eben nicht auf die Natur des handelnden Subjects an, sondern einzig und allein darauf, ob die Handlung zunächst den Vorteil des Handelnden oder den anderer Personen bezweckte. Was Sax „individualistischen Altruismus" nennt, ist mit dem Collectivismus qualitativ auf das engste verwandt; beide sind Ausflüsse des Altruismus. Hingegen ist der altruistische Individualismus vom egoistischen gleich wesentlich verschieden, wie dieser vom Collectivismus. Dem Individualismus als solchem kommt daher eine Bedeutung, die uns berechtigen würde, ihn als besondere Ordnung zu unterscheiden, keineswegs zu. Was man in tadelndem Sinn Individualismus oder Atomismus genannt hat (ein von Sax abweichender Sprachgebrauch) — ist nur Egoismus, der vom Collectivismus bekämpft wird. Der letztere tritt aber nicht dem Individualismus überhaupt, sondern nur dem selbstsüchtigen Individualismus feindselig und hemmend entgegen.

Den drei Arten des Egoismus: Selbstsucht, Eigennutz, Selbstsinn, haben wir drei entsprechende Arten von Altruismus zur Seite gestellt. Es wäre interessant und dankbar, ihrer Bedeutung im wirtschaftlichen Leben im Einzelnen nachzuforschen. Die Selbstlosigkeit würde bei einer absoluten Herrschaft des Altruismus ebensowenig Raum finden, wie die Selbstsucht; jedenfalls wäre die Betätigung beider auf ein Minimum beschränkt. Die Handlungsweise der einzelnen Teilnehmer an der altruistischen Grundsätzen untergeordneten Production wäre mutualistisch, das altruistische Element blos leitend und vorherrschend. Eine vollständige Ausschliessung des Egoismus wäre selbst dann ebensowenig durchführbar, als eine Ausschliessung des Altruismus entgegen den Forderungen der menschlichen Natur auch nur je versucht werden könnte.

Viertes Capitel.

Verhältnisse der Mischung des Egoismus mit dem Altruismus. Der Mutualismus.

Eine Handlung kann zugleich egoistisch und altruistisch sein. Zustand des Gleichgewichtes zwischen |Egoismus und Altruismus. Typus des Mutualismus ist die Societät. Ihering fasst Societät, Verein, Corporation öffentlichen Rechtes in Bezug auf ihre Organisationsprincipien zusammen. Gegensätze unter ihnen. Mutualismus des Vereines. Verbreitung der Vereinstätigkeit. Die Actiengesellschaft.

Eine Handlung kann zugleich egoistisch und altruistisch sein, d. h. unmittelbar zugleich auf den wirtschaftlichen Vorteil des Handelnden und auf den anderer Personen abzielen. Das eine oder das andere Element kann entschieden genug vorwiegen, um der ganzen Handlung eine egoistische oder altruistische Färbung zu verleihen. Die Hauptdifferenz der räumlich und zeitlich verschiedenen Volkswirtschaften beruht darauf, inwieweit Egoismus oder Altruismus in ihrem Leben herrschend geworden. Diese Grundtendenzen sind überall die gleichen, eine dritte Grundtendenz neben Altruismus und Egoismus ist nicht zu unterscheiden; der Mutualismus ist ein Compositum von beiden. Nicht selten ist hier ein Zustand des Gleichgewichtes, derart, dass die Interessen des Handelnden und anderer Personen in gleichem Maasse gewahrt werden, dass seine Zwecke und die ihrigen sich decken. Dies gilt besonders von der Gesellschaft (societas), während der Verein, je umfangreicher er ist, um so entschiedener die altruistische Seite hervorkehrt. „Eine Gesellschaft", sagt Ihering[1]), „im juristischen Sinn, ist ein Verein mehrerer Personen, welche sich zur Verfolgung eines gemeinsamen Zweckes verbunden haben, von denen daher jede, indem sie für den Gesellschaftszweck tätig ist, zugleich für sich handelt". — „Beim Tausch sind sich die Interessen beider Teile polar entgegengesetzt — je unvorteilhafter der Kauf für den Käufer, um so vorteilhafter für den Verkäufer und umgekehrt. Ganz anders ist es bei der Societät. Bei ihr geht das eigene Interesse mit dem fremden Hand in Hand. Letzteres kann nicht leiden, ohne dass jenes ganz ebenso litte; sein Vorteil mein Vorteil, mein Vorteil sein Vorteil... Im Tauschcontract will der Wille das eigene Interesse auf Kosten des fremden (Egoismus), in der Schenkung das fremde auf Kosten des eigenen (Selbstverleugnung), in der Societät das eigene im fremden. Im fremden fördert er das eigene, im eigenen das fremde. Die Societät gleicht den Gegensatz des eigenen Interesses zum fremden für ihn aus... Soll die Societät ihren Zweck erreichen, so muss dieser Gedanke der Solidarität der Interessen beiden Teilen als Leitstern dienen. Wer das Verhältniss ausnutzt, um statt des gemeinschaftlichen Vorteils den eigenen zu verfolgen, der handelt gegen die Grundidee des ganzen Instituts. Eine solche Handlungsweise als allgemein gedacht, würde diese Form für den Verkehr practisch beseitigen.. Die Societät schlägt im Rechtssystem eine Brücke zwischen dem Egoismus und der Selbstverleugnung, sie bezeichnet den Indifferenzpunkt, bei dem beide eins werden"[2]). Der Tausch ist danach der Typus des Egoismus, die Schenkung Typus der Selbstverleugnung, die Societät das Mittelding zwischen beiden. Hinter dem Tauschcontract stehen sämmtliche Austauschverträge, hinter der Schenkung alle liberalen Verträge, hinter der Societät alle Gemeinschaften, Genossenschaften, Vereine, von den niedersten an bis zu den höchsten: Staat und Kirche. Sie alle umfasst Ihering unter

---

[1]) Zweck im Recht. I, 94. — [2]) a. a. O. 217 f. vgl. 218 Note.

dem Namen Association[1]). Mit der Verallgemeinerung, welche dieser Forscher mit Bezug auf die Rolle des Egoismus resp. des Altruismus, der Form der Gesellschaft, also dem Mutualismus gegeben hat, können wir uns von unserem Standpunkt nicht einverstanden erklären. Wenn in der Tätigkeit des Einzelnen für so grosse Corporationen wie Staat und Kirche ein mutualistisches Element vorhanden, was allerdings gewöhnlich ist, so ist dasselbe doch unwesentlich gegenüber den daselbst wirksamen altruistischen Tendenzen. Nur diese Tendenzen, nicht die mutualistischen Beimischungen sind notwendige Kennzeichen der collectivistischen Wirtschaften. Ihering selbst hat diesen Unterschied in den weiteren Capiteln seines Werkes nicht übersehen. Auf S. 91 stellt er einen Vergleich der privatrechtlichen Societät mit dem Staate an. „Der springende Punkt der Organisation des Rechts", sagt er, „besteht in dem Übergewicht der gemeinsamen Interessen aller über das Particularinteresse eines Einzelnen, für die gemeinsamen Interessen treten alle ein, für das Particularinteresse nur der Einzelne, die Macht aller aber ist der des Einzelnen überlegen und sie wird es um so mehr, je grösser die Zahl derselben ist." In dieser Beziehung zeigt sich zwischen Societät und Verein des Privatrechts und der Corporation öffentlichen Rechts ein entscheidender Unterschied. Ein Gegensatz der Interessen der Gesammtheit zu denen des Einzelnen führt in den ersteren zum Austritt des Einzelnen, eventuell zur Auflösung der Gemeinschaft. Anders in den Corporationen öffentlichen Rechtes: Staat, Kirche, Gemeinde. Hier kann das Interesse der Gemeinschaft in einen vernichtenden Gegensatz zum Interesse ganzer Volksklassen treten, sie bleiben dennoch an die Zugehörigkeit zur Gesammtheit gebunden, selbst der Ortswechsel, die Auswanderung bleibt ihnen in zahlreichen Fällen versagt. Auch was Ihering anführt: Die Gemeinsamkeit des Zwecks als Motiv der Vereinigung kann für die Corporationen öffentlichen Rechts nicht gelten. Die Betätigung der Corporation, wenn man überhaupt von einer Betätigung derselben als Ganzes reden darf, erfolgt nach dem Willen der in ihr

---

[1]) l. c. 218. 219.

maassgebenden Factoren, welche stets der hineingeborenen Gesammtheit gegenüber eine geringe Minorität bilden. In einzelnen Fällen kann der übereinstimmende, entschiedene Wille einer grösseren oder geringeren Anzahl der einer solchen Corporation angehörigen Mitglieder die leitenden Factoren zwingen im selben Sinn zu handeln, von einer Gemeinsamkeit des Zweckes kann aber, wie im nächsten Capitel das Näheren ausgeführt wird, selbst in diesen Fällen nicht die Rede sein. In der Societät ist das offenbar ganz anders. Jedes Gesellschafts- und auch jedes Vereinsmitglied verfolgt sein eigenes Interesse und nur dieses, zugleich muss es aber auch das der anderen wahren, weil es mit dem seinen solidarisch ist. Im Staate dagegen verfolgt der für denselben Handelnde das Interesse anderer Personen, das seine aber nur, so weit es mit letzterem zusammenfällt, was durchaus nicht der Fall sein muss, oder auch nur regelmässig der Fall ist.

Auch die Vereine des Privatrechts sind mit Ausnahme der caritativen mutualistisch. Wenn jemand einem Casino, einem Leseverein beitritt, so kommt sein Anteil an den ökonomischen Lasten desselben, sein Vereinsbeitrag ihm ebensowol wie seinen Vereinsgenossen zu Gute. Ihering hat darauf hingewiesen, dass bei der Gesellschaft, je grösser der Anteil des einzelnen Gesellschafters, desto geringer derjenige der übrigen, je mehr Gesellschafter, desto geringer der Vorteil des einzelnen aus einem Geschäft. Bei Vereinen pflege das umgekehrte der Fall zu sein, je mehr Vereinsmitglieder, desto grösser der Vorteil jedes einzelnen, desto geringer regelmässig seine Last. Tritt eine Ausnahme in der Richtung ein, dass ein Beitrag, wie dies namentlich bei politischen Vereinen zutrifft, zu einem Zweck geleistet wird, für welchen der Leistende keine oder eine unverhältnissmässig geringe Gegenleistung erhält, so ist seine Leistung als altruistisch zu qualificiren.

Bei dem bedeutenden Umfang, den Egoismus und Altruismus jedes für sich beanspruchen, ist es natürlich, dass auch ihr Übergangszustand, der Mutualismus, in nennenswerter Ausdehnung vorkommt. Ihering, dessen „Zweck im Recht" überhaupt für die Lehre vom Mutualismus grundlegend ist, betont, dass alle Zwecke des menschlichen Lebens in Form von Vereinen verfolgt werden können und der Umfang, in welchem Vereine an Stelle der isolirten Tätigkeit treten, noch gar nicht zu ermessen sei. In der innigen Verquickung des egoistischen mit dem altruistischen Element im Verein liegt die Ursache seines Erfolges. Sowol der mächtige Sporn des Selbstinteresses, als auch alle Motive, welche uns veranlassen, für dritte Personen zu handeln, wirken hier zu einem sowol die isolirten Wirkungen des Egoismus als diejenigen des Altruismus in vielen Fällen übertreffenden Effect zusammen. Inwieweit der Mutualismus in die Verwaltung der öffentlichen Geschäfte übergreift, wird im nächsten Capitel behandelt werden. In Actiengesellschaften sollen die Leiter altruistisch handeln. Die Schwäche der ersteren besteht darin, dass keine genügende Schranke existirt, welche diese Leiter hindern würde, egoistisch statt altruistisch vorzugehen. Der Actienbesitzer, der nichts tut, als Zinsen einzustreichen, handelt so wie jeder Rentenbesitzer in dieser Hinsicht egoistisch, denn das Couponsabschneiden ist eine egoistische Tätigkeit, ebenso wie der Ankauf von Actien. In diesem Sinne ist die Actiengesellschaft ein Organismus egoistischer Natur, das mutualistische Geschäft ist in ihr durch den Verwaltungsrat vertreten. Die Leitung der Gesellschaft nimmt aber nicht selten eine eigennützige oder selbstsüchtige Richtung an. Dann stellt die Actiengesellschaft das Bild des sich selbst vernichtenden Egoismus dar, der desorganisirend und verderblich wirkt, wenn er hervortritt, wo Altruismus oder doch Mutualismus herrschen sollten.

Fünftes Capitel.

Altruismus und Egoismus im Staate.

Die Personificirung des Staates ist für die Nationalökonomik nicht anwendbar. Ein gemeinsamer Wille der Staatsbürger ist unmöglich, auch im constitutionellen Staate. Ursachen hierfür. Immer handeln einzelne Organe für die Wohlfahrt der auf das Staatsterritorium beschränkten Gemeinschaft. Der Staat im engern Sinn. Egoismus und Altruismus der Tyrannis. Der Staat handelt nicht notwendig für alle Bewohner seines Gebietes, sondern möglicher Weise nur für einen engeren Kreis derselben. Die Steuern und Gebühren machen die Handlungen des Staates nicht zu egoistischen; vom privatrechtlichen Gesichtspunkt wären sowol die Leistungen der Bürger an den Staat, als die des Staates für die Bürger Systeme von Schenkungen. Repression des Egoismus durch den Staat. Dieselbe ist nicht einzige Aufgabe des Staates. Tiefes Eingreifen des Staates in anderen Richtungen. Analyse eines Staatsbudgets mit Bezug auf die positive und negative (repressive) Betätigung des Staates. Übergewicht der ersteren. Unterordnung der Einzelinteressen unter die der Gemeinschaft. Wirtschaftliche Mängel und Vorteile der Staatstätigkeit. Die Staatsbeamten: Der Egoismus und Altruismus in ihrer Stellung und Amtstätigkeit. Die Kirche.

Wenn eine befriedigende Unterscheidung des wirtschaftlichen Egoismus und Altruismus festgestellt ist, wird man zu der zweiten, gesonderten Aufgabe der richtigen Subsumirung der einzelnen wirtschaftlichen Erscheinungen unter diese Categorieen zu schreiten haben. Nirgends aber ist man Fehlern in dieser Hinsicht mehr ausgesetzt, als beim proteusartig wechselnden Gebilde: Staat genannt. Wir wollen einen Versuch wagen, die

Rolle des Altruismus und Egoismus im Staate zu bestimmen, ohne uns zu schmeicheln, abschliessende Ergebnisse erzielen zu können. Die Beurteilung des Staates ist, wie wir dies in einem früheren Capitel angedeutet haben, durch die juristische Construction seiner Tätigkeit, sowie durch den Sprachgebrauch vielfach verdunkelt. Im Recht tritt der Staat auf als eine einheitlich wollende und handelnde Person, welche zum eigenen Vorteil wirtschaftliche, in Rechtsformen gekleidete Handlungen vornimmt. Die Gründe dieser Fiction existiren aber nicht für die Nationalökonomik. Was für die Staatstätigkeit maassgebend ist, ist die Beziehung derselben auf die im Bereiche eines Territoriums, des Staatsgebietes, wohnenden Menschen und die Zwangsgewalt über sie. Staatsangehörige sind Männer, Frauen und Kinder. Von einem die Functionen des Staates beherrschenden gemeinsamen Willen derselben kann offenbar nicht die Rede sein, auch nicht in einem constitutionellen Staat. Die Wähler bilden stets nur einen relativ geringen Bruchteil des Volkes. Überdies würde aus dem Umstand, dass die Organe des Staates gewählt werden, noch durchaus nicht folgen, dass ihre wirtschaftlichen Handlungen Handlungen der Wähler seien. Ein gemeinsamer Wille der Staatsangehörigen kann nie und nirgends zu Stande kommen, weil die grössere Hälfte der Staatsbürger willensunfähig ist. Nichtsdestoweniger ist ein bedeutender Teil der Gesetze und Tätigkeiten des Staates auf das Wohlergehen gerade dieser Personen berechnet. Über die Gegenstände der Gesetze und Verordnungen besteht kein gemeinsames Wissen und keine gemeinsame Meinung der Bevölkerung, viel weniger also ein gemeinsamer Wille. Alle Tätigkeit des Staates wird von einzelnen Organen versehen, auch das Gesetz ist immer nur Willensäusserung gewisser Staatsorgane, welchen die Macht zu Gebote steht, diesem Willen bei den Staatsangehörigen Achtung und Gehorsam zu verschaffen. Ist die Executive in Zwiespalt mit der Legislative, oder unfähig den Willen der Gesetzgeber durchzuführen, so sind die Gesetze das Papier nicht wert, auf dem sie geschrieben wurden. Dieser Umstand ist kennzeichnend für das Wesen des Gesetzes: dasselbe ist nicht gemeinsamer Wille, es kann mit dem Willen der überwältigenden Mehrheit der politisch berechtigten Bürger in entschiedenen Widerspruch treten und dennoch existiren. Die Menschen, welche mit bestimmten Aufgaben des Staates betraut sind, können wegen der gemeinsamen Beziehung ihrer Tätigkeit auf die Staatsgesammtheit Staatsorgane und der Staat selbst in Anbetracht des harmonischen Ineinandergreifens der Functionen dieser Organe ein Organismus heissen. Die gemeinsamen Zwecke der Tätigkeit der Staatsorgane reichen weit über die Interessen der handelnden Organe hinaus, der Bestand des Organismus ist von dem der einzelnen Organe unabhängig. Auf Grund der materiellen Grundlagen des Staates: des Territoriums und seiner Bevölkerung, sowie auf Grund der Tradition, welche den in gewissen Formen kundgemachten Willen gewisser Staatsorgane als bindende Norm für alle Staatsangehörige aufrechterhält, bleibt selbst beim Wechsel aller Organe der Staatsorganismus unerschüttert: Man denke der Wahl des Präsidenten der nordamerikanischen Union und des darauf folgenden Wechsels in der Besetzung aller Ämter. Zwischen dem Staate aber und dem handelnden Individuum, welches gleichfalls einen Organismus darstellt, waltet der Unterschied ob, dass letzteres nach seinem einzigen Willen handelt, während im Staat soviel Willen herrschen als Staatsorgane tätig sind, trotz der Gliederungen und Abhängigkeiten ihrer Functionen. Kein Organ des Staates kann an und für sich die Tätigkeit desselben versehen. Ihrer Mehrzahl nach sind sie durch eine höhere Macht, — durch andere Organe beeinflusst und geleitet, in jedem Falle aber handelt ein Organ, welches nicht der Staat selbst ist. Die Handlung eines Einzelnen ist eben seine eigene Handlung, ob er nun im eigenen Interesse handelt, oder in dem der Corporation. Selbst wenn das Unmögliche möglich würde und alle Staatsangehörigen übereinstimmten, wäre das noch immer nicht jener einheitliche Wille des Staates, welchen man mitunter als Merkmal der modernen Staaten hochpreist. Der Staat als Ganzes ist willens- und handlungsunfähig.

Man hat sich trotzdem, teils in Folge der juristisch corporativen Gestaltung des Staates, teils in Folge der gemeinsamen Zwecke und des Zusammenwirkens der Staatsorgane daran gewöhnt von Handlungen des Staates zu sprechen. Bei genügender

Klarheit darüber, dass nicht der Staat als Ganzes, sondern stets nur eines seiner Organe handelt, ist gegen diese zwar ungenaue, aber kurze und bequeme Ausdrucksweise nichts einzuwenden. Wir werden sie daher mit dem bezeichneten Vorbehalt im Folgenden gleichfalls gebrauchen.

Von der Stellung der Personen im Staate, welche eine wirksame Zwangsgewalt in ihren Händen halten, hängt es wesentlich ab, was für einen Charakter die Staatshandlungen tragen. Steht an der Spitze des Staates ein Tyrann im ärgsten Sinn des Wortes, dem es zunächst darum zu tun ist, sich selbst zu bereichern, so treten hiemit verschiedene Functionen des Staates in den Dienst des Egoismus. Dennoch wird die altruistische Natur der gesellschaftlichen Organismen sich selbst in diesem extremsten Fall nicht verleugnen. Der Gewalthaber muss aus demselben Grund das öffentliche Wol befördern, aus welchem der Eigentümer eines Nutztiers dasselbe nicht verhungern lässt. Wichtiger ist eine andere, zweifache Ursache des Altruismus. Kein Tyrann wird sich behaupten können, ohne sich mit einem Kreis von Anhängern zu umgeben, oder, was noch gewöhnlicher, der Masse zu schmeicheln, für ihre Zufriedenheit und ihr Vergnügen zu sorgen; überdies gibt es Interessen der Bevölkerung, welche mit den seinen nicht collidiren, man denke an die Gerichtsbarkeit: die Tradition wirkt übermächtig nach, der Altruismus entsteht mit der Gesellschaft und ist älter als irgend eine Tyrannis. Von so einem Zustand bis zum Grundsatz: „salus publica suprema lex esto" bleibt freilich noch ein weiter Weg zurückzulegen. Hier tritt der Egoismus nicht wie bei der Tyrannis bloss in ein Bündniss mit dem Altruismus, sondern direct in dessen Dienst. Mutualistische Elemente werden auch hier nicht fehlen, jedoch die Richtung des ganzen Organismus auf das Wol der Gemeinschaft, seine vollständige Entfernung von dem Wunsch Vermögen anzuhäufen, welches andern als den gemeinsamen Zwecken dienen sollte, verleihen dem Ganzen trotzdem seinen unzweifelhaft altruistischen Inhalt. Doch ist der Staat nicht notwendig ein auf den Vorteil aller Bewohner des Territoriums abzielender Organismus. Es bestehen innerhalb des Staates grössere und kleinere Kreise von miteinander in altruistischer Weise verbundenen

Menschen. Von der Natur dieser Kreise und ihrem Verhältniss zu einander hängt die Verteilung der Güter unter die Klassen der Bevölkerung und unter die Einzelnen ab. In einem wirtschaftenden Verkehrsstaate, wo aller Verkehr durch Gesetze geregelt wäre, würde sich diese Verteilung vorausbestimmen lassen. Wird die Macht im Staat durch einen engen Kreis beherrscht, so folgt innerhalb desselben eine reichliche, gleichmässige Verteilung des im Staatsgebiet erzielten Productionsertrages unter seine Mitglieder nach den Principien altruistischer Wirtschaftlichkeit. Die übrigen Kreise der Bevölkerung teilen den Rest des Ertrages je nach ihrem Einfluss auf das Staatsganze. Die Grösse eines Kreises steht in der Regel zur Intensität der Bedürfnissbefriedigung im umgekehrten Verhältniss. Es kann wol geschehen, dass durch die Organe des Staates nur irgend ein specieller Stand repräsentirt ist oder doch grosse Stände nicht repräsentirt werden. Der den letzteren zu Gute kommende Altruismus ist dann in derselben Weise beschränkt, wie der Altruismus in der Tyrannis.

Um die verfolgten Zwecke zu erfüllen, legt der Staat seinen Untertanen Lasten auf. Aber sowol Steuern als Gebühren dienen altruistischen Gesichtspunkten, auch kann selbst bei den letzteren von einer wirklichen Entgeltlichkeit nie die Rede sein. Der Staat leistet Dienste, welche nicht gekauft und nicht bezahlt werden können. Er hält seine Dienste nicht feil, auch wo er sie durch Gebühren vergelten lässt. Nicht nur darin, dass die Staatseinkünfte für die Gemeinschaft verwendet werden, sondern auch in der Art, wie der Staat sich seine Dienste vergelten lässt, äussert sich die altruistische Natur des Staates. In den meisten dieser Dienste ist er Monopolist und gerade in diesem Umstand zeigt sich der Gegensatz zwischen der ökonomischen Stellung des Einzelnen und derjenigen des Staates. Der Staat treibt und ist kein Geschäft. Eine „Plutologie", eine „Methodenlehre des Geizes", welche allein die Phänomene des Handels, der Börse, des Arbeits- und Waarenmarktes erklären will[1]), wird

---

[1]) H. Dietzel in den Hildebrand'schen Jahrbüchern VIII (1884), S. 355.

diesem Teil des wirtschaftlichen Volkslebens niemals gerecht werden; der Aufhellung der wirtschaftlichen Erscheinungen wird sie nie vollkommen gewachsen sein, die Vorausbestimmung der Zukunft wird ihr allein nicht gelingen, weil sie die altruistischen Einflüsse grundsätzlich nicht in Betracht zieht. Im praktischen Wirtschaftsleben zeigt sich die altruistische Natur der Staatstätigkeiten auf das schlagendste. In Österreich existirt ein streng gehandhabtes staatliches Salzmonopol. Das Salz ist ein notwendiges Lebensbedürfniss, welches auch die Armen gegebenen Falls selbst mit dem dreifachen des jetzigen Preises bezahlen würden. Weil aber dadurch die unteren Volksklassen schwer betroffen würden, hat der Staat trotz seines Monopols Preise angesetzt, welche ihm wol sehr bedeutenden Vorteil bringen, aber weitaus nicht den höchsten der aus dieser Quelle erreichbar wäre. Die egoistische Wirtschaftlichkeit müsste hingegen den Monopolgewinn so hoch schrauben, als dies überhaupt ohne Ruin der Contribuenten möglich wäre. Wozu die egoistische Wirtschaftlichkeit des Monopolisten führt, das lehrt die traurige Geschichte der Kohlenpreise in Österreich, welche an manchen Orten, so namentlich in Wien, zu einer exorbitanten Höhe emporgetrieben wurden. Sieht man von den Fällen ab, wo der Staat direkt kauft oder verkauft, oder sonstige onerose Geschäfte abschliesst, so würden die Steuern und übrigen Leistungen der Staatsangehörigen einerseits, die Mehrzahl der Staatsleistungen andererseits vom privatrechtlichen — juristisch allerdings unzulässigen — Standpunkt betrachtet, ganz ähnlich wie die Zuwendungen in der Familienwirtschaft, als ein grossartiges System von Schenkungen erscheinen, von Schenkungen der Einzelnen an die Gemeinschaft und von Schenkungen der Gemeinschaft an die Einzelnen und namentlich auch an kleinere Gemeinschaften. Juristisch wertlos, illustrirt doch ein solcher Vergleich auf das schlagendste die altruistische Natur dieser Verhältnisse. Als Schenkungen würden die beiderseitigen Leistungen erscheinen, obwol die Steuer mit dem Bewusstsein gegeben wird, dass sie dem Staat ermöglichen soll, dem Steuerträger Vorteile zuzuwenden, welche den Wert des Steuerbetrages mehr als aufzuwiegen pflegen. Denn ob auch der Schenker sich bewusst ist, dass der Beschenkte ihm später Vorteile zuwenden werde, was ja namentlich im römischen Recht als selbstverständlich galt, die Schenkung bleibt dennoch ein liberaler Act und wird nicht zum Tausche, da ihr das Merkmal der speciellen Entgeltlichkeit abgeht und die später dem Schenkenden zufliessenden Vorteile völlig selbstständig und nicht contractsmässig vorherbestimmt sind. Das gilt aber auch von den Leistungen für den Staat und fast allen Handlungen des Staates für die Bürger.

Den modernen Staat kann man als Organisation des Widerstandes gegen Eigennutz und Selbstsucht bezeichnen, als Organismus, der sich selbst dazu bestimmt hat, den Interessen der von ihm umfassten Gemeinschaft zu dienen, der aber keine eigenen Interessen kennt, die von denen der Gemeinschaft verschieden wären. Der moderne Staat strebt danach, den rastlos wirksamen und in geeigneter Beschränkung woltätigen Egoismus der Menschen nur soweit zur Entfaltung gelangen zu lassen, als er den Mächten des Altruismus nicht widerspricht und die ihnen angepassten sociulen Regeln nicht verletzt. Doch ist es unrichtig, die Staatsämter und Institute in ihrer Gesammtheit, wie David Hume es will[1]), als repressiv zu bezeichnen. Endzweck des Staates ist, wie Ihering sich, vielleicht etwas zu allgemein, ausdrückt[2]), Herstellung und Sicherung der Lebensbedingungen der Gesellschaft. Das Recht ist nach Ihering diese „Sicherung der Lebensbedingungen der Gesellschaft in Form des Zwanges"[3]). In der Tat ist Schaffung von — nicht der — Lebensbedingungen der Gesellschaft die positive, Sicherung derselben die repressive Seite der Staatstätigkeiten. Beide äussern sich im Verhältniss des Staates zu den Privatrechten und Handlungen der Untertanen, z. B. durch Eingriffe in den Besitz, durch Massregeln der Verwaltung ohne vorheriges rechtliches Verfahren, so bei Feuers- und Wassergefahr, im Kriege u. s. w., ferner Entziehung des Eigentums im Wege Rechtens durch Expropriation (bei öffentlichen Bauten, bei Viehseuchen, Vernichtung

---

[1]) An Inquiry concerning the principles of morals. in the Essays ed. Murray. Lond. 1870. p. 429. — [2]) Zweck I. 417. — [3]) l. c. 434.

inficirter Sachen bei Epidemieen), vorübergehende Suspension gewisser gesetzlicher Bestimmungen, z. B. über den Wechselprotest (in Frankreich während des deutschen Krieges 1870/71), Aufhebung bestehender Rechte durch die Gesetzgebung: der Leibeigenschaft, Sklaverei, der Bann- und Zwangsrechte, oder Schädigung derselben durch ein Gesetz rückwirkender Kraft[1]), Gesetze gegen Wucher, Fälschung von Lebensmitteln, Nichtigerklärung und Verbot verschiedener Geschäfte des Civilrechts: Spiel, gewisse Schenkungen; Beschränkungen im Erbrecht: Pflichtteil; ferner die Pflicht der Eltern, die Kinder auszustatten, die Curatel über Verschwender, der Zwang zu gewissen wirtschaftlichen Handlungen: Wiederherstellung oder Abtragung baufälliger Gebäude, Gesetze gegen absichtliches Brachlassen urbaren Bodens. Endlich die Beeinflussung der Vermögensverteilung durch Luxus, Erbschafts-, Einkommensteuer, das Steuersystem im Allgemeinen. Es wäre eine interessante und dankbare aber mühsame, vielleicht auch noch nicht genügend vorbereitete Arbeit, die wirtschaftliche Bedeutung dieser positiven Eingriffe des Staates im Einzelnen zu untersuchen und ihnen ihre theoretische Stellung in der Wirtschaftswissenschaft anzuweisen. Ihering hat im 13. Abschnitt des VIII. Cap. seines Zweckes im Recht[2]) den „Rechtsdruck auf die Individuen" ausführlich behandelt. Derselbe geht, wie ein Blick auf die obige, keineswegs vollständige Zusammenstellung lehrt, nicht bloss darauf aus, „die Unersättlichkeit des Egoismus zu bezwingen", er verfolgt auch einen durchaus positiven Zweck. So ist die Expropriation bei grossen öffentlichen Bauten nur Mittel zu einem positiven Zweck; der Widerstand Einzelner wird gebrochen, weil er sich der Erfüllung des letzteren entgegenstellt. Das Privatrecht selbst hat „einen gesellschaftlichen Charakter" erhalten, „alle Rechte des Privatrechts, wenn sie auch zunächst nur das Individuum zum Zweck haben, sind beeinflusst und gebunden durch die Rücksicht auf die Gesellschaft. Es gibt kein einziges, bei dem das Subject sagen könnte: Dies habe ich ausschliesslich für mich; die

---

[1]) l. c. 418 f. Note. — [2]) l. c. 501 ff.

Consequenz des Rechtsbegriffs bringt es mit sich, dass die Gesellschaft mich nicht beschränke"[1]).

Das Verhältniss der positiven zur repressiven Tätigkeit des Staates erhellt am besten aus der Analyse eines Staatsbudgets. Wir wählen hiezu das österreichische Budget für das Jahr 1883:

Zu den im Wesentlichen nicht repressiven, die Wohlfahrt des Volkes durch positive Maassregeln bezweckenden Posten gehören die folgenden:

	Österr. Gulden
Hofstaat und Kabinetskanzlei	4 720 515
Reichsrat	1 071 035
Ministerrat (Präsidium, Dispositionsfond, officielle Zeitungen, Telegrafisches u. Correspondenzbureau)	880 179
Ministerium des Innern, Centralleitung, versicherungstechnisches Bureau, Reichsgesetzblatt, Maassregeln gegen Epidemieen	751 400
Politische Verwaltung der einzelnen Länder	5 634 000
Staatsbaudienst. Ausgaben für Strassen und Brücken im ganzen Reich	5 800 040
Wasserbauten	2 086 600
Bauten von Amtsgebäuden	117 131
Ministerium für Cultus und Unterricht, Centrale, Museen, Akademieen	1 262 121
Gesammtes Schulwesen des Staates	12 207 654
Religionsfond zur Unterstützung des Curatclerus u. s. w., sowie Beiträge zu Cultuszwecken	4 991 670
Handelsministerium, Centrale, Ausstellungen, Orientalisches Museum, Eisenbahnstatistik, Generalinspection der österr. Bahnen, Hafendienst etc.	2 413 260
Post und Telegraph	19 637 400
Postsparkassen	190 000
Staatseisenbahnbetrieb	1 651 570
Staatseisenbahnbau	20 000 000
Betrieb der Bahnen in Staatsverwaltung	17 742 283

---

[1] l. c. 519.

Beteiligung bei Kapitalbeschaffung für Privatbahnen 300 000
Ackerbauministerium 11 719 347
Oberster Rechnungshof 157 000
Pensionsetat 15 144 900
Subventionen und Dotationen an Landes-
fonds und Gemeinden 242 000
Subventionen an Verkehrsanstalten . . 13 748 090
Subventionen an Grundentlastungsfonde 3 230 000
Hiezu das Budget des Finanzministeriums
(Gesammte Finanzverwaltung und Steuerrestitu-
tionen) 101 285 558

        Zusammen 246 982 953

Diesem Betrag gegenüber stehen die folgenden, vorwiegend der Repression dienenden Posten:

Reichsgericht 22 000
Verwaltungsgerichtshof 127 975
Für die gemeinsamen Angelegenheiten 90 350 927
Staatspolizei und öffentliche Sicherheit 3 607 632
Landesverteidigung 8 807 865
Ministerium der Justiz 20 898 441

        Zusammen 123 814 840

Ein Blick auf die obige Zusammenstellung lehrt, dass in Österreich die im Wesentlichen repressiven Staatsausgaben fast genau halb so viel betrugen als die wesentlich nicht repressiven, d. h. mit andern Worten, der Staat gibt für positive Ziele der Wohlfahrt zweimal so viel aus, als für Bekämpfung egoistischer Übergriffe.

Zieht man ferner in Erwägung, dass man auch Verwaltung und Verzinsung der bestehenden Staatsschuld — abgesehen von der Art wie sie entstanden, unmöglich als repressiv bezeichnen kann, so wird man den zu ihrer Verzinsung und Tilgung dienenden Betrag

        120 240 703
sowie die Kosten der Staatschuldenverwaltung . . 920 540

        Zusammen 121 161 243

zu den nicht repressiven Ausgaben rechnen, wonach die repressiven nur $1/3$ der gesammten Staatsausgaben betrugen. Ihr Betrag wird durch die Erwägung vermindert, dass die Tätigkeit der Gerichte grossenteils nur declarativ ist und nicht bloss Übergriffe des Egoismus zurückweist, sondern wirklich zweifelhafte Fälle entscheidet, dass ferner das in Österreich sehr wichtige Verfahren ausser Streitsachen nicht in den Bereich der Repression fällt, endlich nicht die gesammten 90 350 927 fl. für die (Österreich mit Ungarn) gemeinsamen Angelegenheiten zu Kriegszwecken bestimmt sind, das Amt der auswärtigen Angelegenheiten insbesondere mehr den Interessen des Friedens als denen des Krieges dienstbar ist. Andererseits sind ein Teil der politischen Landesverwaltung, sowie gewisse Functionen der Verkehrsanstalten der Repression gewidmet. Eine mathematisch genaue Scheidung ist hier schwerlich durchführbar, wodurch übrigens das Gesammtverhältniss der von uns unterschiedenen zwei Hauptmassen des Budgets nicht wesentlich verrückt wird. In Zeiten des Krieges schwillt das wirtschaftliche Erforderniss der Repression zu colossaler Höhe und lässt als unvermeidliche Folge den Stamm der Staatsschuld zurück, deren Tilgung jedoch, trotz ihres auf die Repression zurückgehenden Ursprungs, nicht als repressive Wirtschaftshandlung classificirt werden darf.

Eine Vergleichung der Budgets der übrigen civilisirten Staaten würde durchweg ein ähnliches Ergebniss liefern, denn bei allen inneren Unterschieden sind doch ihre wirtschaftlichen Ziele und Grundlagen im Wesentlichen gleich. Überall dürfte die Repression den geringeren Teil der ökonomischen Kräfte des Staates absorbiren, was übrigens ihrer Wichtigkeit und speciell der fundamentalen Bedeutung der Gerichtsbarkeit keinerlei Eintrag tut.

Die Repression ist selbstverständlich nicht gegen den Egoismus im allgemeinen, sondern bloss gegen die Selbstsucht gerichtet; nie gelingt es aber, dieselbe völlig zu unterdrücken. Sie setzt sich vielmehr überall — wie Neugebilde in organischen Körpern — an Stelle des Altruismus in den von diesem geschaffenen und beherrschten Verhältnissen fest. Was man Corruption nennt, ist grösstenteils eine egoistische Entartung wesentlich altruistischer Socialgebilde. Die Rolle von Altruismus und

Egoismus wird hiebei völlig umgekehrt. Während nämlich in grösseren altruistischen Gebilden das Interesse des Individuums in seiner Vereinzlung einen unbedeutenden, kaum berechenbaren Einfluss auf die Handlungen der Gemeinschaftsorgane ausübt, wird bei eingetretener Corruption die Macht der Gemeinschaft zum Werkzeug, welches den selbstsüchtigen Zwecken des Einzelnen, vielleicht eines Staatsorganes untertan wird und dazu dienen muss, ihn zu bereichern. Wird diese Entartung in einem Gemeinwesen allgemein, so führt ihr Widerspruch zu der jedem Gemeinwesen durchaus wesentlichen altruistischen Tendenz, unvermeidlich zur Auflösung desselben oder zu gewaltsamen Versuchen die gestörte Ordnung herzustellen. Dann ist es allerdings wieder das verletzte Interesse der Vielen, für welche der Staat schaffen und wirken soll, welches dem Altruismus als entscheidender Motor zu Hülfe kommt. Aber solche Eingriffe haben trotzdem mit dem wirtschaftlich egoistischen Handeln so wenig gemeinsam, als dieses mit dem Altruismus. Der letztere wird von Neuem zur Herrschaft gebracht, obwol er Einzelinteressen überall, wo diese nicht mit dem Gemeininteresse harmoniren, direct feindlich gegenübersteht.

Charakteristisch für das letztere Verhältniss ist vor Allem der Heeresdienst. Für die Einzelnen, welche im Heere dienen und auf Kosten der Gemeinschaft erhalten werden, involvirt der Heeresdienst gewöhnlich empfindliche Opfer und Verluste, ist für sie in hohem Grade unwirtschaftlich — dem Egoismus also entgegengesetzt. Weder von demjenigen, der den Kriegsdienst leistet, noch von demjenigen, der zu den Heereskosten steuert, kann man behaupten, er ziehe aus seinem Opfer unmittelbaren materiellen Vorteil, überhaupt gelangt er nicht dahin, den — selbst mittelbaren — materiellen Vorteil mit den materiellen Opfern abzuwägen. Ein greifbarer materieller Vorteil wäre oft überhaupt nicht festzustellen, da es gar vielen ökonomisch gleichgiltig ist, ob sie Untertanen dieses Staates, oder des eroberungslustigen Nachbars wären, dessen wirtschaftliche Politik vielleicht glücklicher, dessen Steuerdruck geringer sein mag. Über dem Willen des Einzelnen aber steht bereits die dem Staatsorganismus innewohnende Macht, die ein gewisses System des Schutzes gegen abnorme Änderungen, zugleich aber regelmässig zu verschiedenen Zeiten verschiedene Ideale gesellschaftlicher Vollkommenheit anstrebt und den Einzelnen selbst wider ihren Willen die erforderlichen materiellen Opfer auferlegt.

Der Mangel an Egoismus bei den Staatsorganen und überhaupt allen, welche die altruistische Staatsleitung tragen, macht bekanntlich den Staat für gewisse wirtschaftliche Unternehmungen weniger tauglich, andererseits aber wirkt jene Beschränkung wirtschaftlich vorteilhaft, indem der Staat über den engen Kreis der einzelnen Unternehmung hinaus die Bedürfnisse und Ansprüche der Gesammtheit im Auge behält und berücksichtigt, was mit der Geschäftstendenz jedes Privatgeschäftes in Widerspruch stünde. Nur so wird es möglich, Einbussen und Verluste zu erleiden, ja direct herbeizuführen, ohne mit dem Grundsatz der Wirtschaftlichkeit in Collision zu geraten. Dem Verlust auf der einen Seite entspricht ein Gewinn in einer, vielleicht in keiner directen Verbindung mit dem gegebenen Unternehmen stehenden, demselben völlig heterogenen Beziehung. Das kann und darf der wirtschaftende Staat in einem für Privatunternehmer unerreichbaren Maassstab. Schlüge ein Staat z. B. aus dem Eisenbahnbetrieb weniger Gewinn als ein Privatunternehmen, so wäre die Ursache davon nicht notwendig in einer inferioren Verwaltung, sondern möglicherweise in der Wirkung der Volkswirtschaftspolitik auf das specielle Unternehmen zu suchen. Die altruistische Wirtschaftlichkeit ist hierin der egoistischen überlegen, weil sie von umfassenderen Rücksichten auf die Bedürfnisse verschiedener Natur und grosser Volksgesammtheiten beherrscht wird.

Besonders merkwürdig ist in Bezug auf den Altruismus die Doppelstellung der Staatsbeamten. Der Beamte wird einerseits zu seiner Tätigkeit durch die ihm hierfür vom Staat gewährten Vorteile bestimmt. Im Hinblick auf diese Vorteile pflegen sich die Berufsbeamten durch lange Jahre und mit schweren Opfern zu ihrer Aufgabe heranzubilden. Andererseits empfinden wir es aber direct als ungehörig, wenn bei einer staatlichen Tätigkeit ein individuelles Interesse, speciell das des handelnden Beamten überwiegt und entscheidenden Einfluss auf seine Amtstätigkeit ausübt. Geschenkannahme in Amtssachen ist ein Verbrechen. Bestechung ist in jedem geordneten Staat strafbar; selbst regelmässige, aus der Amtstätigkeit fliessende Sporteln sind entweder gänzlich abgeschafft, oder so taxirt worden, dass man dem Amtshandelnden jede Speculation abgeschnitten hat.

Der Beamte, der von den Parteien keinen Vorteil ziehen darf, handelt ihnen gegenüber von Amtswegen altruistisch. Darin liegt das Geheimniss des Vertrauens, dessen sich im wolgeordneten Staate öffentliche Ämter und Anstalten zu erfreuen pflegen. Da der ganze Staatsorganismus zugleich ein Ämterorganismus ist, jeder Vorgesetzte des handelnden Beamten, der denselben etwa beauftragte, selbst Beamter und gleichfalls in altruistischer Weise beschränkt ist, das Staatsoberhaupt in Monarchieen zwar nicht Beamter im gewöhnlichen Sinne ist, aber in wirtschaftlicher Beziehung dem Beamten vollständig gleichsteht, da ferner die gesetzgebenden Körper und alle unbesoldeten Ehrenämter in noch viel höherem Grade, nämlich nicht nur den Parteien, sondern auch dem Staate gegenüber wesentlich altruistisch handeln, so ist jedenfalls die Partei wolberechtigt, den ihr gegenüber wirksamen Motiven eines Staatsorganes als altruistisch zu vertrauen, ohne Unterschied ob sie direct seinem Antriebe oder einem höheren Auftrage entspringen.

Dem gegenüber ist der Vertrag eines Arbeiters mit einem Unternehmer ein egoistischer. Jeder Teil sucht daraus für sich selbst den höchsten materiellen Vorteil zu schlagen. Jede Handbewegung bei der Arbeit nimmt der Arbeiter ausschliesslich im Hinblick auf den aus der Arbeit für ihn selbst entspringenden Vorteil vor. Deshalb unterliegt der Arbeitsvertrag factisch Wirkungen des Angebotes und der Nachfrage, welche den Erscheinungen des Waarenmarktes analog sind. Der Staatsbeamte hingegen ist von einem der Staatsorgane angestellt, um — nicht etwa diesem anstellenden Organ — sei dies nun der Souverän oder selbst ein Beamter — ökonomische, private Dienste zu leisten, sondern um der Gesammtheit, oder doch mindestens einer Gesammtheit, z. B. einer Provinz zu dienen. Ein Richter, Verwaltungsbeamter, Staatseisenbahnbeamter dienen unter gewissen

Voraussetzungen jedermann, der sich an sie wendet, ihre Tätigkeit kann direct die Verteilung von Vermögen bestimmen, ja seine Entstehung und Schaffung fördern oder hemmen, kann die Zerstörung von Vermögen zur Folge haben (z. B. Vernichtung geschmuggelter Waare, Abtragung baufälliger Gebäude), also eine eminent ökonomische Tätigkeit sein. Dieselbe kommt aber weder demjenigen zu Gute, der den Beamten angestellt hat, noch dem der ihn bezahlt, noch dem Beamten selbst, sondern dritten, ihnen regelmässig fremden Personen.

Daher ist der Gehalt für das Amt unwesentlich, es gab seit jeher und gibt noch heute zahlreiche hochwichtige und doch unbesoldete Ämter. Daher ist auch eine unmittelbare Beziehung zwischen der Qualität und selbst der Quantität der Leistungen eines Beamten und dem Ausmaasse seines Gehaltes — in der Weise wie zwischen Lohn und Leistung des Arbeiters — überhaupt nicht herstellbar. Übrigens könnten Gehalt und Lohn schon deshalb nicht gleichgestellt werden, weil — wie Ihering dies trefflich ausgeführt hat — einen Teil des Arbeitsentgeltes der Beamten Ehre, Macht, Ansehen bilden, also nicht ökonomische Momente, die dem Lohnvertrage so gut wie ganz fremd sind. So weit dieser ideale Arbeitsentgelt hinter dem ökonomischen Werte der Arbeitsleistung eines Beamten zurückbleibt, ist die Tätigkeit des Beamten in ökonomischer Beziehung auch dem Auftraggeber gegenüber altruistisch. So weit dies nicht der Fall ist, muss man das Eingehen seiner Verpflichtung seitens des Beamten als egoistisch qualificiren; er verpflichtet sich zur altruistischen Tätigkeit und erhält dafür die Zusicherung wirtschaftlicher Vorteile. Er bezieht dieselben nicht aus seinen Handlungen, wol aber für seine Handlungen. Sein Egoismus tritt als untergeordnetes Glied in den Dienst des Altruismus und arbeitet in seiner gewöhnlichen, kräftigen Weise dem letzteren in die Hände. Will ein Beamter zu einem höheren Gehalt, oder zu einer besonderen Remuneration gelangen, so kann er das am füglichsten durch besonderen Diensteifer und geschickte Amtsführung erreichen, d. h. also durch den grösstmöglichen Nutzen für die Gesammtheit. Protection, Schmeichelei und sonstige unlautere Motive des Avancements mögen noch so störend einwirken, der altruistische Charakter sämmtlicher Staatstätigkeiten wird dadurch nicht alterirt.

Von der Kirche ist im Wesentlichen dasselbe zu sagen, was vom Staat gesagt wurde. Ihre Organisation ist genau im selben Sinn altruistisch. Doch sind ihre Zwecke, abgesehen von der Armenpflege sowie der Erhaltung der Priester und der dem Cultus dienenden Gebäude und Geräte für die Nationalökonomie von geringerem Interesse als die des Staates. Wichtig bleibt die Analogie für uns immerhin aus dem Grunde, weil sie klar beweist, dass der äussere Zwang kein notwendiges Merkmal der altruistischen Organismen ist.

Sechstes Capitel.

Altruismus und Egoismus in ihrem Verhältniss zur Ethik.

Trotz des unvollkommenen Zustands der wissenschaftlichen Ethik ist eine Verständigung über die ethischen Qualitäten der wirtschaftlichen Handlungen möglich. Es ist ein gewöhnlicher Fehler, dass die moralisch guten Potenzen als besondere Klasse dem Egoismus entgegengesetzt werden. In der Tat ist das moralisch Verwerfliche grossenteils dem Egoismus, das moralisch Gute grossenteils dem Altruismus zu subsumiren, aber weder ist aller Egoismus verwerflich, noch aller Altruismus gut. Praktische Bedeutung der moralischen Ideen: dem Beweise, gewisse wirtschaftliche Verhältnisse seien ethisch unanfechtbar, wird besonderes Gewicht beigemessen. Complicirtheit der wirtschaftlichen Handlungen in Bezug auf ihre ethische Qualität. Für dieselbe kommen nicht bloss die nächsten, sondern auch die entfernteren Zwecke der Handlung in Betracht. Über die moralische Qualität des Selbstsinns, des Eigennutzes und der Selbstsucht. Die ethische Beurteilung des Altruismus. Ethisch guter, ethisch indifferenter und ethisch verwerflicher Altruismus. Das wirtschaftlich Erstrebenswerte ist nicht notwendig ethisch gut. Die absolute Harmonie des wirtschaftlich Guten mit dem ethisch Guten ist für jetzt nicht erzielbar.

Bei dem schwankenden Zustand der wissenschaftlichen Ethik der Jetztzeit, welche es zu einer allgemein angenommenen Feststellung der Begriffe des moralisch Guten und moralisch Schlechten bisher nicht gebracht hat, sind exacte Bestimmungen des ethischen Charakters der wirtschaftlichen Handlungen noch nicht anzustreben. Dennoch ist bekanntlich die Übereinstimmung in Betreff der ethischen Qualitäten gross genug, um abgesehen von ihrer tieferen Begründung eine allgemeine Verständigung zuzulassen.

Sehr gewöhnlich ist der Fehler, die wirtschaftlich guten Potenzen als besondere Klasse dem wirtschaftlichen Egoismus entgegenzusetzen. Die daraus hervorgehenden Unzukömmlichkeiten sind bereits im ersten Capitel berührt worden. Einen gewissen Schein haben jene Versuche allerdings für sich, mehr aber auch nicht. Moralisch verwerfliches Handeln ist grossentheils unter den wirtschaftlichen Egoismus, moralisch gutes Handeln unter den Altruismus einzubeziehen. Deshalb bleibt es doch nicht weniger unrichtig allen Egoismus als moralisch verwerflich, oder allen Altruismus als moralisch gut zu classificiren. Das Factum einer solchen Classification wäre für das wirtschaftliche Leben von grosser Wichtigkeit. Eine Anerkennung der praktischen Macht der ethischen Beurteilungen liegt darin, dass man ökonomische Tatsachen durch die Behauptung, sie seien moralisch unanfechtbar zu rechtfertigen und zu verteidigen sucht. So den Unternehmergewinn: Er sei gerecht als Arbeitslohn des Unternehmers, den Zins: Er sei gerecht als Ausgleichung für die Entbehrung des geliehenen Kapitals, welches man sonst hätte verbrauchen können, so die Höhe des Arbeitslohns: sie sei nicht ungerecht, weil durch Naturgesetz bestimmt und gebunden. Hiemit wird nicht selten als Argument die Behauptung verknüpft, die betreffenden wirtschaftlichen Handlungen und Erscheinungen kämen schliesslich der Gesammtheit zu Gute, da die Wunder der Production und des Verkehrs ohne sie niemals zu Stande gekommen wären.

Die ethische Beurteilung der wirtschaftlichen Handlungen wird ganz verschieden ausfallen, je nachdem man als ethisch gut nur solche Handlungen gelten lässt, welche unmittelbar oder mittelbar auf das Wohl anderer Personen gerichtet sind, oder auch solche, welche auf das eigene Wohl des Handelnden gerichtet sind.

Im ersteren Falle wäre der Selbstsinn in der Regel als ethisch indifferent zu bezeichnen, sofern er nicht etwa mittelbar ein fremdes Wohl bezweckt. Im zweiten Falle könnte er, abgesehen von dem letzteren Umstand je nach dem Maassstab, den man sich für das an sich selbst geübte Gute gebildet hat, gut oder indifferent genannt werden.

Im Vergleiche zu der bloss den wirtschaftlichen Charakter der Handlungen erfassenden Unterscheidung des Egoismus und Altruismus muss die ethische Beurteilung der wirtschaftlichen Handlungen äusserst complicirt erscheinen. Sie hat es keineswegs bloss mit dem nächsten Zweck der Handlungen zu tun, sondern auch mit allen ferneren Zwecken, denen die Handlung als Mittel zu dienen bestimmt ist. Für die ethische Beurteilung ist es wesentlich, ob eine egoistische Handlung nur Mittel zu einer altruistischen, oder umgekehrt eine altruistische Handlung nur Mittel zu einer egoistischen sein soll, oder gar vielleicht in nicht wirtschaftlicher Beziehung egoistisch ist. Dietzel hat die Annahme, dass der Anbietende für Hingabe eines möglichst geringen Waarenquantums möglichst viel Geld, der Nachfragende das Umgekehrte erstrebt, ethisch farblos genannt[1]). In der Tat liegt in der egoistischen Verfolgung des eigenen Interesses, welche dem Mitcontrahenten die Sorge für sein eigenes Interesse als selbstverständlich überlässt, weder etwas sittlich Verwerfliches noch etwas sittlich Gutes. Etwas sittlich Verwerfliches schon deshalb nicht, weil in grosser Regel jeder Teil überzeugt sein darf, dass der andere bei dem Geschäft seine Rechnung findet und durch Erwerbung dessen was er bedarf einen wirtschaftlichen Vorteil davon trägt. Etwas sittlich Gutes freilich ebensowenig, da dieser Vorteil des andern Teils für keinen der Contrahirenden Motiv, für beide vielmehr nur ein Accidens des Geschäftes war. Der Eigennutz ist ethisch farblos. Den sittlichen Charakter der eigennützigen Wirtschaftshandlungen bestimmen ihre weiteren Zwecke. Schliesst der Familienvater ein gewinnbringendes Geschäft aus Liebe und Wolwollen für die Seinen, um ihnen den Gewinn zuzuwenden, sucht ein Gelehrter Vermögen zu sammeln, um sich damit in den Dienst der Menschheit zu stellen und es zu Zwecken der Forschung zu verwenden, so sind seine dahin zielenden wirtschaftlichen Handlungen ethisch gut, sucht dagegen jemand einen Gewinn zu erzielen,

---

[1]) Jahrbücher f. Nationalökon. u. Statist. IX. 34.

um mit Hülfe desselben z. B. ein gemeines Verbrechen auszuführen, so ist die egoistische Handlung sittlich schlecht, da sie als Mittel zum unsittlichen Zweck bestimmt ist. Es gilt hier also, was Ferguson bemerkt[1]): Durch die blosse Beschreibung der äusserlichen Handlung kann nicht entschieden werden, ob etwas moralisch gut oder böse sei. Handlungen die materialiter dieselben sind, können in dem einen Falle moralisch gut, in dem andern moralisch böse sein.

Innerhalb des weiten Gebietes der egoistischen Handlungen sind nur die selbstsüchtigen, die Handlungen, durch welche jemand einen wirtschaftlichen Vorteil verfolgt, wissend, dass einem andern dadurch wirtschaftlicher Schaden zugefügt werde, ihrem Charakter nach moralisch verwerflich. Denn darüber kann kein Zweifel obwalten, dass die absichtliche Schädigung einer andern Person um des eigenen Vorteils willen in einer so wichtigen Sache wie das wirtschaftliche Wol, als ethisch verwerflich zu qualificiren ist. Die herrschende moralische Überzeugung ist in dieser Richtung in vollkommenem Einklang mit den äusseren Maassnamen der Staatsgewalt gegen die selbstsüchtigen Ausschreitungen. Indess werden selbst hier vom Standpunkte der Ethik Unterscheidungen zu machen sein, da es vorkommen kann, dass eine Handlung in einer Beziehung unmoralisch, in einer andern aber moralisch ist. Eine selbstsüchtige Handlung kann ausschliesslich als Mittel für spätere altruistische Handlungen dienen und diese können von jeder Beimischung eines nicht wirtschaftlichen Eigennutzes frei und den reinsten Motiven zuzuschreiben sein: so in dem bereits gebrauchten Beispiel vom heiligen Crispinus, der den Reichen Leder stahl, um den Armen Schuhe daraus zu machen. So wenig der Grundsatz „Der Zweck heiligt die Mittel" moralisch zu rechtfertigen ist, so wenig braucht man mit der Anerkennung des moralisch guten Zweckes einer Handlung zurückzuhalten, auch wenn diese selbst, abgesehen von diesem Zweck, moralisch zu missbilligen ist.

---

[1]) Die Grundsätze der Moralphilosophie übers. von Garve, Lpz. 1772. S. 163.

Vom Altruismus gilt, was vom Egoismus gesagt wurde. Auch er kann ethisch gut, indifferent oder schlecht sein. Aber das ethisch Gute nimmt hier einen grösseren Raum ein. Das wirtschaftliche Handeln für andere entspringt in besonders weitem Maasse ethisch guten Motiven. Auch äussern sich Wolwollen und Liebe besonders häufig in wirtschaftlichen Handlungen für andere. Ihering weist auf die Rolle hin, welche die Sympathie spielt: „in allen Verhältnissen des Füreinanderseins. In dem Verhältnisse der Frau zum Manne, des Mannes zur Frau, der Eltern zu den Kindern und der Kinder zu den Eltern, ebenso zwischen Herrschaft und Dienstboten, Meister und Gesellen, Arbeiter und Arbeitgeber, der Gemeinde und ihren Mitgliedern, dem Staate und seinen Bürgern, der Gesellschaft und dem Einzelnen, von Volk zu Volk und zwischen Volk und Menschheit, sofern eben derartige Gesammtheiten selbstwillig handelnde Organe besitzen oder wenigstens Gegenstand altruistischer Handlungen sind." Zahllose Vorgänge kommen vor, die sich nur durch die Sympatie und nicht anders erklären lassen. Das gesammte caritative System, das Leben der Familie, aber auch die Wirtschaft des Staates, den man nicht umsonst als den berufenen Vertreter der Sittlichkeit ansieht, ist von moralischen Ideen durchdrungen. Es liessen sich leicht Beispiele auf Beispiele häufen, ohne dass man die Zahl der wirklichen Fälle annähernd zu bestimmen oder zu erschöpfen vermöchte. Zu den wichtigsten derselben gehören die Principien der Billigkeit und Gerechtigkeit, nach welchen die Staatslasten auf die Contribuenten nach Maassgabe ihrer Leistungsfähigkeit verteilt werden sollen. Man denke ferner an das angeführte altruistische Element in der Verkehrswelt: die über den Egoismus hinausgehenden Leistungen der Arbeiter, welche Herbert Spencer dem sittlichen Pflicht- und Ehrgefühl derselben zuschreibt[1]), ferner an den grossartigen Altruismus des Christentums, das Opfer, wie Baudrillart sich ausdrückt[2]). Man denke an die moderne

---

[1]) Les bases de la morale évolutioniste. Paris, Baillière 1881. p. 7. —
[2]) Les rapports de l'écon. pol. et de la morale. 2 ed. Paris. 1883. p. 12, cf. p. 104, 105.

Bekämpfung der Sklaverei, an die Arbeitergesetzgebung, namentlich zum Schutz der Frauen und Kinder, die beginnende gesetzgeberische Bewegung gegen den „gain immerité" des Börsenspieles, endlich — last not least — an die Socialdemokratie. Dieselbe ist die höchste Potenz des Altruismus, ein altruistisches Ideal, wonach die wirtschaftliche Tätigkeit Aller auf das Wohl Aller gerichtet sein soll. Vom Gesichtspunkt des beabsichtigten allgemeinen Nutzens, des angeblich auf diesem Weg zu erzielenden grössten Glückes Aller, ist der Socialismus gewiss moralisch und zugleich altruistisch, das werden auch seine Gegner willig zugeben; hingegen werden die letzteren von den Socialisten die Anerkenntniss beanspruchen dürfen, dass auch sie moralisch handeln, wenn sie in der Überzeugung, dass die Ideen derselben undurchführbar und die dahin zielenden Versuche für die Gemeinschaft und für die durch die Lebensarbeit der Menschheit errungene Cultur gefährlich seien, den Socialismus mit aller Kraft bekämpfen und zu beseitigen suchen. Auch sie dürfen mit Rodbertus sagen: „Die Moral geht uns über die Politik. Es handelt sich für uns um Bestrebungen, welche das sittliche, intellectuelle und materielle Wohl des ganzen Gesellschaftskörpers auf friedlichem Wege bezwecken"[2]). Der Altruismus, der sich selbst Endzweck ist, der das wirtschaftliche Wohl anderer nicht um des eigenen Vorteils willen verfolgt, ist überhaupt ethisch gut zu nennen. Doch ist hier unter dem „eigenen Vorteil" auch der nicht wirtschaftliche Vorteil zu verstehen.

Daneben besteht das Gebiet eines Altruismus, welcher moralisch indifferent und eines solchen, welcher moralisch verwerflich ist. Ethisch indifferent pflegt die altruistische Tätigkeit des Beamten zu sein. Demselben fehlt der ethische Antrieb zu den Handlungen für andere; er erfüllt, indem er handelt, schlechtweg die übernommene Amtspflicht. Der eigentliche Antrieb geht von jenen aus, welche die Verpflichtung selbst ins

---

[1]) Rondelet, Le spiritualisme en écon. polit. Paris, Didier. 1859. p. 206, 217. — [2]) Kozak, Rodbertus. S. 200.

Leben gerufen haben, sei es nun am Wege des Gesetzes oder der Verwaltung.

Noch entfernter vom ethisch Guten ist die grosse Klasse der altruistischen Handlungen, welche nur ein Mittel für egoistische Zwecke wirtschaftlicher oder nicht wirtschaftlicher Art sein und einen Vorteil für den Handelnden herbeiführen, oder einen Nachteil von ihm abwenden sollen: Gründung eines Armenhauses um eines Ordens oder Titels willen, Teilnahme an Wohltätigkeitsbällen und Concerten um der Unterhaltung willen, ein sonstiger, wohltätiger Act um der Reclame willen, den Arbeitern gewährte Begünstigungen aus Furcht, dem Brodherrn zugewendeter Diensteifer aus Strebertum und Augendienerei, fromme Wohltätigkeit aus Heuchelei.

Sogar die Selbstlosigkeit, das Handeln, welches den wirtschaftlichen Vorteil anderer als nächsten Zweck verfolgt, obgleich der Handelnde zu wissen glaubt, dass ihm selbst daraus wirtschaftlicher Nachteil erwachsen werde, bildet keine durchgreifende Ausnahme von dem Grundsatz, dass die sittlichen Qualitäten mit Altruismus und Egoismus nirgends streng zusammenfallen. Dass ein solches Handeln in grosser Regel ethisch gut ist, bedarf wol keines besonderen Beweises; aber speciell die soeben angeführten Beispiele aus dem Gebiete des caritativen Systems deuten darauf hin, dass wirtschaftlich selbstloses Handeln ebensowenig ethisch gut, als etwa das ethisch Gute in wirtschaftlicher Beziehung selbstlos sein müsse. Wie labil die Grenze zwischen sittlich gut und sittlich böse ist, geht daraus hervor, dass eine Handlung, die ethisch gut war, bei ihrer Wiederholung ethisch böse werden kann. Schaeffle behauptet in seinem „Kapitalismus und Socialismus", „dass der grössere Teil der heutigen, öffentlich corporativen Wohltätigkeit einen Kommunismus der entsittlichendsten, planlosesten, ungerechtesten und schädlichsten Art darstelle." Die Gründe hiefür sind naheliegend genug: Dennoch wird diese Wohltätigkeit moralisch gut sein und bleiben, so lange und wo nicht die Einsicht in ihre Mängel durchgedrungen und etwas Besseres an Stelle der unentbehrlichen Hülfeleistung dieser Art getreten sein wird. Dasselbe gilt vom Almosen des Einzelnen an den Einzelnen. Ein Mensch kann den andern dadurch, dass er ihm Almosen reicht, während der Beschenkte Kraft und Gelegenheit zur Arbeit hätte, moralisch zu Grunde richten. Jedenfalls geschieht dergleichen wissentlich — aus Schwäche — alle Tage. Dennoch darf das Einzelalmosen nicht absolut verweigert werden, wenn wir in Anbetracht des unzureichenden Zustandes der öffentlichen Armenpflege nicht Menschen vor unseren Türen verhungern sehen wollen.

Die verwerflichste, zum Glück nicht allzuverbreitete Art des Altruismus ist diejenige, wodurch dem, dessen wirtschaftlichen Vorteil man unmittelbar anstrebt, mittelbar ein vielleicht sehr schwerer Nachteil zugefügt werden soll, z. B. wenn jemand einem Minderjährigen, der zu Ausschweifungen geneigt ist, die reichlichsten Mittel hiezu an die Hand gibt, in der Hoffnung, er werde sich ruiniren und der Spender daraus Vorteil ziehen, z. B. ihn beerben. Auch diese Handlung ist altruistisch, zugleich aber im höchsten Grade unmoralisch.

Auch aus dem Leben der Corporation fehlt es nicht an Beispielen für unsittlichen Altruismus. Wirtschaftliche Unterdrückung einer Volksklasse zu Gunsten einer andern: eine Kette altruistischer Handlungen, welche zugleich, analog der Selbstsucht Einzelner, andere schädigen sollen: so die englische Arbeitergesetzgebung im Beginne unseres Jahrhunderts[1]). Der Altruismus kann eine absichtliche Schädigung anderer mit sich führen, deshalb darf an Stelle des Namens Altruismus nicht der Ausdruck Wohlwollen, Sympathie oder dgl. gesetzt werden.

Was im nächsten Kapitel über die Nützlichkeit und Schädlichkeit des Altruismus gesagt wird, fällt bis zu einem gewissen Grade mit der ethischen Qualification der Handlungen zusammen, denn das andern Menschen nützliche Handeln ist moralisch, wenn es als Endzweck und nicht bloss als Mittel beabsichtigt war.

Anderseits garantirt das moralische Handeln keineswegs den höchsten wirtschaftlichen Nutzen für die Menschen. Es ist daher in wirtschaftlicher Beziehung nicht schlechtweg anzustreben. Es kommt hier eben weniger darauf an, dass ethisch

---

[1]) Brentano, Das Arbeitsverhältniss nach heutigem Recht. S. 90 ff.

gut als dass wirtschaftlich erfolgreich gehandelt werde. Das bloss teilweise Zusammenfallen unseres Altruismus und Egoismus mit dem sittlich Guten, resp. Schlechten entzieht daher unserer Einteilung nichts von ihrer Brauchbarkeit für die Wirtschaftswissenschaft. Für die Wirtschaft ist der Unterschied zwischen Egoismus und Altruismus überall grundlegend, während man vom wirtschaftlichen Standpunkt die ethische Gesinnung nur wünscht, weil sie gewisse wirtschaftliche, namentlich altruistische Handlungen hervorzurufen pflegt, wenn auch nicht notwendig hervorruft.

Wenn jemand hungert, kommt es ihm darauf an, ein Stück Brod zu erhalten. Gleichgiltig ist es ihm, ob ihm das Brod aus einem sittlichen oder einem unsittlichen Beweggrund gereicht wurde. In beiden Fällen ist der wirtschaftliche Effect Befriedigung des materiellen Bedürfnisses, der wirtschaftliche Zweck kann in beiden Fällen gleich vollkommen erfüllt werden. Es ist nur zu zweifellos, dass in der gegenwärtigen Wirtschaftsperiode viele der wirtschaftlich wohltätigsten Handlungen zugleich unlauteren Motiven entspringen. Das Ideal einer künftigen Ordnung wäre das absolute Zusammenfallen des wirtschaftlich Nützlichen mit dem ethisch Guten, aber bis jetzt ist keine Wirtschaftsform gefunden, welche auch nur annähernd dieser Anforderung zu entsprechen vermöchte.

Siebentes Capitel.

Über das Verhältniss des Altruismus und Egoismus der wirtschaftlichen Handlungen zu deren wirtschaftlicher Nützlichkeit.

―――

Fundamentale Wichtigkeit der Frage nach der relativen Nützlichkeit des Altruismus und Egoismus für die Socialpolitik. Anerkannter Nutzen des Egoismus. Egoismus als regelmässige Voraussetzung des Altruismus, in der Familie und in der Corporation. Schwächen des Egoismus. Beschränktheit unserer Erfahrung: Der Egoismus ist noch nie in voller Reinheit erprobt worden. Ebenso ist der Altruismus nur in wenigen, nicht zu verallgemeinernden Fällen zur vollen Herrschaft gelangt. Trotzdem die Frage, ob er den Egoismus nicht völlig vetreten kann. Scheinbare Überlegenheit des Altruismus. Sein Erfolg nicht immer in gradem Verhältniss zur Gemeinnützigkeit seiner Zwecke. Dennoch wäre der Egoismus in der Volkswirtschaft eher entbehrlich als der Altruismus. Jeder Mensch könnte für andere sorgen, für jeden durch andere gesorgt werden, nie aber jeder für sich sorgen. Früher Ursprung und grosse Leistungen des organisirten Altruismus. Seine Schattenseiten. Unfähigkeit, Unwissenheit, Selbstsucht der Beamten. Verderblicher Altruismus der Staaten im Altertum. Ökonomisch schädliche altruistische Arbeit. Practische Folgerungen.

Die Frage, ob Egoismus oder Altruismus den vergesellschafteten Menschen mehr wirtschaftlichen Vorteil bringen, ob und inwiefern die materiellen Bedürfnisse derselben durch egoistische oder altruistische Wirtschaftlichkeit besser befriedigt werden, die Frage nach der relativen wirtschaftlichen Nützlichkeit von Altruismus und Egoismus ist für die Socialpolitik so wichtig, dass man sie schlechtweg das Problem derselben nennen kann. Denn alle andern wirtschaftspolitischen Fragen sind dieser einen untergeordnet; sie bildet die Achse, um die sich jede wirtschaftliche Zukunftspolitik zu drehen hat. Der Nutzen ist es, wonach jeder wirtschaftliche Akt seiner Natur nach strebt; derjenige, welcher dem Grundsatz der Wirtschaftlichkeit am vollkommensten Genüge leistet: mit geringstem Aufwand die gewünschten Mittel zur Bedürfnissbefriedigung beschafft, ist jedem andern überlegen. Zum Lobe des durch den Egoismus gestifteten Nutzens hat die liberale, nationalökonomische Schule mehr als genug gesagt, Wahres und Falsches. Herbert Spencer hat darauf hingewiesen, wie fundamental die Rolle des Egoismus für die Existenz des Menschenlebens sei[1]). „Wenn nicht jedermann für sich selbst in angemessener Weise Sorge trüge, würden alle zu Grunde gehen und keiner würde bleiben, für den man ferner sorgen könnte"; ein Satz, der ohne Zweifel auch für den wirtschaftlichen Egoismus annähernd richtig ist. Die wirtschaftlich aktiven Mitglieder der Gesellschaft müssen sich selbst erhalten und werden nur durch den Überschuss des Erworbenen über das was sie für sich selbst verbrauchen in Stand gesetzt, für ihre wirtschaftlich passiven Genossen zu sorgen. Der Altruismus beruht also regelmässig auf einer egoistischen Grundlage. Wie die Familie so ziehen gegenwärtig auch die Corporationen bis hinauf zu Staat und Kirche ihre wirtschaftliche Kraft aus dem gleichen Princip. Auch sie leben von dem was der Einzelne durch die egoistische Tätigkeit hervorgebracht und erworben hat. Die Production, auf welche ja doch schliesslich Alles zurückgeht, beruht zum grösseren Teile auf dieser Tätigkeit. Es scheint daher, als ob die ganze wirtschaftliche Welt zerrüttet werden würde, wenn diese Basis ihr je entzogen werden sollte. Hier aber erhebt sich der Widerspruch. Man weist auf Unvollkommenheiten hin, welche dem frei waltenden Egoismus anhaften, auf die Auswüchse der Selbstsucht, welche dem Gewissenlosesten Vermögensvorteile zuwendet, auf die Mängel der Vermögensverteilung,

---

[1]) Spencer, Les bases de la morale évolutioniste. p. 161.

welche an einer Stelle Atrophie, an einer andern Hypertrophie und hiemit eine doppelte sociale Krankheit nach sich ziehen.

Allerdings ist unsere Erfahrung in Betreff der Wirkungen des Egoismus und Altruismus eine beschränkte. Soweit die historische Erinnerung zurückreicht, hat der Altruismus dem Egoismus Schranken auferlegt, daher ist derselbe bisher niemals in voller Reinheit gegeben und erprobt worden. Volle Freiheit der Coalition bei den Arbeitern, Abschaffung jeder criminellen Bestrafung des Arbeitsvertragsbruches, vollständig freie Presse und Versammlungsrecht hätten durch längere Zeit ungestört wirken müssen, bevor man hätte apodictisch aussprechen dürfen, der Grundsatz der wirtschaftlichen Gleichheit, die gerechte Verteilung der Güter sei mit dem der Freiheit in der Wirtschaft nicht verträglich. In den Vereinigten Staaten von Nordamerika ist man zwar diesem Zustande genähert, allein bei der Wechselwirkung aller Länder untereinander hätte dieselbe Freiheit in allen civilisirten Staaten herrschen müssen, um ein endgiltiges Urteil über den wirtschaftlichen Wert des Egoismus zu gestatten. Im gleichen Sinne gilt dasselbe vom Altruismus. Eine wirkliche Herrschaft des Altruismus ist in der Weltgeschichte nur höchst selten vorgekommen, etwa im alten Peru und im Jesuitenstaat zu Paraguay, deren Gedeihen keinen Beweis für die Anwendbarkeit des Altruismus bei entwickelteren Verhältnissen abgibt. Den Mängeln des Egoismus gegenüber ergibt sich trotzdem die Frage, ob nicht der Altruismus das Gleiche leisten könnte ohne die erwähnten Schäden. Könnte nicht die bewusst organisirte Wirtschaft an Stelle des sich selbst überlassenen fehlerhaften Wirtschaftsorganismus treten? Dem Altruismus ist vorgängig eine scheinbare Überlegenheit in Bezug auf die gemeine Nützlichkeit nicht abzusprechen, denn er wendet in seinen höheren und höchsten Formen seine gesammten Anstrengungen auf den Nutzen Aller oder doch auf den ganzer Gemeinschaften, während der Egoismus doch nur auf den Nutzen der einen, handelnden Person ausgeht. Stünde der Erfolg des wirtschaftlichen Strebens regelmässig in gradem Verhältniss zur Anzahl derjenigen, für deren Bedürfnisse man sorgen will, dann müsste wol jeder redliche Mann für möglichst unbeschränkte Herrschaft des Altruismus eintreten und alle seine Kräfte in dessen Dienst stellen. Die Erfahrung aber spricht für das Gegenteil. Spencer sagt mit Recht: „Es ist eine sowol durch die Philosophen, als im alltäglichen Leben anerkannte Wahrheit, dass die Verwirklichung des individuellen Glückes nicht im Verhältniss zu dem Maasse steht, in welchem man dieses individuelle Glück zum Gegenstand unmittelbaren Strebens macht. Ebensowenig ist die Verwirklichung des allgemeinen Glückes dem Grade proportionirt, in welchem man es zum Gegenstand unmittelbaren Bestrebens macht"[1]). Das nämliche gilt von Altruismus und Egoismus. Der Wunsch und Wille, vielen oder allen zu helfen, bietet keine Garantie, dass man ihnen wirksamer nützen würde, als dies etwa durch ein Zusammenwirken von Egoismus und Altruismus erfolgen kann. Immerhin bleibt es in Anbetracht der Notwendigkeit des Altruismus für den Fortbestand der Rasse (da auf ihm die Existenz der wirtschaftlich Unmündigen beruht) unbestreitbar, dass der Egoismus eventuell bis auf ein gewisses Minimum eher entbehrt werden könnte als der Altruismus. Es ist nämlich nicht unmöglich — widerspricht wenigstens keinem bekannten Gesetz, — dass für jeden Menschen in wirtschaftlicher Beziehung durch andere Sorge getragen würde und jeder wirtschaftlich active für andere sorgte, so dass die egoistischen Handlungen auf ein geringes Minimum reducirt werden würden, nie könnte aber jeder Mensch für sich selbst ausreichend sorgen, da viele durch natürliche Ursachen daran verhindert sind.

Der organisirte Altruismus ist sehr frühen Ursprungs, er reicht bis in die ersten Anfänge gesellschaftlichen Lebens zurück. Es gilt hier, „dass mit der Beschränkung des Individuums durch Altruismus[2]) die Gesellschaft überhaupt erst beginnt". Derselbe leistet überhaupt Vieles, was der Egoismus nicht zu leisten vermag, da es den Grundsätzen egoistischer Wirtschaftlichkeit zuwiderläuft. Das Auftreten der Organisationen des Altruismus war gewiss der wichtigste Fortschritt der Menschheit. Sein Wir-

---

[1]) l. c. 263. — [2]) Rodbertus, Kapital. S. 93. — Rodbertus bedient sich hier zur Bezeichnung eines unserem „Altruismus" verwandten Begriffes des Namens „Communismus". S. darüber unten S. 105 Note 2.

kungskreis ist in beständigem Wachstum begriffen. Wo immer wir aber in der Lage gewesen sind, den Altruismus in der Nähe zu beobachten, zeigten sich neben den Vorzügen, denen er sein Entstehen und seine Dauer verdankt, ernste Schattenseiten. Der Staat scheint manchen grossen, altruistischen Aufgaben nicht gewachsen zu sein, nicht etwa bloss, weil er den Vertretern der egoistischen Freiheit gegenüber zu schwach ist, sondern weil ihm die Fähigkeit abgeht, den erstrebten Nutzen zu bewirken. Oft entbehren die im Staat maassgebenden Personen des erforderlichen Wissens oder sonstiger zur Verfolgung der Gemeinschaftsinteressen wünschenswerten Eigenschaften, dienen den Interessen eines Bruchteiles der Bürger, statt denen der Gesammtheit, vergreifen sich selbst in den seltenen Fällen, wo das Ziel sicher und richtig gesteckt werden konnte, in der Wahl ihrer Mittel, oder suchen gar die Kraft der Gesammtheit zu selbstsüchtigen Zwecken auszubeuten. Die wirtschaftliche Tätigkeit des Staates kann, so nützlich sie in manchen Beziehungen zu sein pflegt, in andern schädlich, ja verderblich wirken[1]. Ein furchtbares Beispiel bieten Spanien und viele orientalische Staaten, oder Rom seit dem dritten punischen Kriege. Selbst dem heutigen Staate wird mit Recht vorgeworfen, sein caritatives System mache die Gemeinden arm, demoralisire die Armen, untergrabe den Fleiss, schwäche die familienrechtliche Verpflichtung, es fördere die Übervölkerung und drücke die Arbeitslosen[2]. Viel schlimmer waren die Auswüchse eines luxuriösen Altruismus im Altertum. Der Altruismus ist fast unzertrennlich von entwickeltem Luxus. Denn was wäre ein Luxus ohne die Freunde oder Parasiten, welche den Reichen umgeben und ihm helfen, seinen Reichtum zu geniessen? Wenn wir hören, dass für Lucullus ein Gastmal, welches nach heutigem Gelde 45 000 Frs.[3], für Vitellius ein solches, welches 70 000 Frs.[4] kostete, ein ganz gewöhnliches Ding war, dass Crassus, um sich Cäsar zu gewinnen, als Bürge für

---

[1] Vgl. Schaeffle, System 501, namentlich § 318: Missleitung des Einkommensprocesses durch Missbrauch der Staatsgewalt. — [2] a. a. O. 485. — [3] Baudrillart, Histoire du Luxe privé et public. Paris, Hachette. 1880. 4 Vols. Vol. II, S. 83. — [4] l. c. 214.

Zahlung einer Schuld desselben im Betrage von 5 000 000 Frs. auftrat[1]), dass Cäsar später zum Zweck einer ähnlichen politischen Bestechung für den Tribunen Curio 60 Millionen Sesterzen, d. i. mehr als 11 500 000 Frs. Schulden bezahlte[2]), so bekommen wir doch nur einen schwachen Begriff von der Rolle des Altruismus in den letzten Jahrhunderten des römischen Staates. Noch schädlicher wirkte der den Volksmassen zugewandte Altruismus: Die Erhaltung von vielen Tausenden auf Kosten der Gesammtheit, ein Excess des Altruismus, dem zu Liebe Welttheile geplündert wurden. In Athen genossen je 18 000 von 20 000 Bürgern die öffentlichen Besoldungen und Theatergelder, was schliesslich dazu führte, dass man die Reicheren bedrückte, beraubte, unschuldig verurteilte, um ihr Vermögen zu confisciren, und dass diese Liberalitäten ein furchtbares Werkzeug zur politischen Einschüchterung der Wolhabenden wurden[3]). In Rom nahm diese Art des Altruismus eine wahnwitzige Entwicklung an. Cäsar lässt bei seinem grossen Triumph im Jahre 46 v. Chr. 22 000 Tische mit je drei Betten zum öffentlichen Mal aufstellen, jedem Bürger 100 Denare, 10 Scheffel Korn, 10 Pfund Öl, jedem Legionär 5000, jedem Centenar 10 000, jedem Tribun 20 000 Denare reichen[4]). Er ist -- mit Recht — stolz darauf, durch Gründung von Colonieen die Zahl der auf Staatskosten lebenden Römer von 300 000 auf 150 000 herabgesetzt zu haben[5]). Die Theater nehmen immer gewaltigere Dimensionen an. Scaurus, Schwiegersohn des Sulla, baut ein mit 3000 Erzstatuen geschmücktes Amphitheater von Marmor, Glas und vergoldetem Holz für 80 000 Zuschauer[6]). Cäsar der erste lässt über das Amphitheater das Velarium, den Schatten spendenden Schleier, spannen, angefertigt von Seide, welche mit Gold aufgewogen wurde[7]). Cajus verschwendet auf ähnliche Weise in zwei Jahren alle verfügbaren Mittel und greift dann zu Massenhinrichtungen, um das weitere Geld aufzutreiben[8]). Titus endlich gibt in dem

---

[1]) l. c. 85. — [2]) l. c. S. 135. Daselbst andere Beispiele der wirtschaftlich-politischen Corruption unter Cäsar. — [3]) l. c. I. p. 514. — [4]) l. c. II. p. 137. — [5]) l. c. 140. — [6]) l. c. 85. — [7]) l. c. 138. — [8]) l. c. 194. Cajus (Caligula) vergeudete in zwei Jahren den Schatz des Augustus: Zwei Milliarden, 700 Millionen Sesterzen.

neuen 87 000 Zuschauer fassenden Colosseum Gladiatorenkämpfe und andere Schaustücke, welche durch 100 Tage dauern[1]). Die nach aussen, den nicht Begünstigten und Bedachten gegenüber feindselige, den letzteren selbst ökonomisch verderbliche Wirkung eines derartigen Altruismus hat sich in der römischen Geschichte bis zu ihren letzten Consequenzen entwickelt. Es ist wol kaum zu befürchten, dass sich Ähnliches je in gleichem Maassstab wiederhole. Heute ist es als politischer Grundsatz anerkannt, der Altruismus solle nicht wirtschaftlich Leistungsfähige ihrer Arbeit überheben und nicht mit einer Hand verschenken, was mit der andern geraubt werden musste. Aber auch wo er es tut hört er nicht auf Altruismus zu sein; das blosse Factum eines in grösstem Maassstab angewendeten Altruismus reicht nicht aus, die Gesellschaft vor empfindlichem Schaden zu schützen. Aber nicht bloss der Altruismus der Verschwendung, auch der Altruismus der Arbeit kann ökonomisch nachteilig wirken. Spencer gibt uns das Beispiel vom Vater, der sich um seiner Familie willen überarbeitet, sich jeden Genuss versagt um ihretwillen und infolge dessen krank und untüchtig zu den notwendigsten altruistischen Handlungen wird. So kann sich der Einzelne mit dem bestgemeinten Altruismus zu Grunde richten, um dann schliesslich notgedrungen andern zur Last zu fallen.

Der Altruismus braucht danach ebensowenig nützlich als ethisch zu sein, die Frage bleibt offen, ob unter gegebenen Umständen der gemeine Nutzen mehr durch das Vorwiegen des Altruismus oder des Egoismus gefördert wird. Durch die augenblickliche, nicht notwendig immer gleiche Antwort auf diese Frage wird wesentlich die Politik der Staaten bestimmt werden, welche allerdings schwerlich wird verhindern können, dass eine oder die andere dieser Tendenzen die Oberhand gewinne. — Wo immer beide nebeneinander auftreten — und das ist ja fast ausnahmslose Regel — stehen sie miteinander in dem schon berührten Wechselverhältniss. Der Altruismus bedient sich zu seinen Zwecken des Egoismus, der Egoismus stützt sich auf einen durch den Altruismus angebauten und gesicherten Boden.

---

[1]) Spencer l. c. p. 166 cap. 72.

Das dem organisirten, mit der äusseren Gewalt verbundenen Altruismus eigentümliche directe Streben auf den gemeinen Nutzen hat zur Folge, dass derselbe, soweit Wissen und Können der Menschen ihm zu statten kommen und ermöglichen den Zwecken allgemeiner Wohlfahrt Genüge zu leisten, stetig an Einfluss und Umfang gewinnen wird. Daher könnte die Weltgeschichte zugleich als Entwickelungsgeschichte des Altruismus dargestellt werden. Seine Verwirklichung ist zugleich eine Frage der Macht und eine Frage der Erkenntniss. Nur wo diese gewonnen ist, kann eine wirkliche Überlegenheit des Altruismus zur Geltung gelangen. Man muss die Mittel und Wege, den Wohlfahrtszweck zu erfüllen, kennen gelernt haben, bevor man zu seiner Verwirklichung schreitet. Diese Erkenntniss vorausgesetzt wird das Resultat des Altruismus dem des Egoismus im selben Maasse überlegen sein, als planmässiges, zielbewusstes Handeln dem blossen Zufall überlegen ist. Denn durch einen nicht beabsichtigten socialwirtschaftlichen Mechanismus sollen die egoistischen Handlungen zur Befriedigung auch jener zahlreichen Bedürfnisse führen, auf deren Befriedigung nicht direct hingestrebt wurde. Der Altruismus hat hingegen die Befriedigung auch dieser Bedürfnisse zum Gegenstande. Der Mangel der hiefür wesentlichen Erkenntniss, die unendliche Schwierigkeit und Complicirtheit der einschlägigen Fragen, der Zweifel, ob sie überhaupt jemals vollständig gelöst werden können, hat zur Folge, dass bis jetzt der Egoismus dem Altruismus in Bezug auf seinen Nutzen ebenbürtig zur Seite steht. Mit dem Fortschritt der Erkenntniss aber wächst auch der Altruismus. Seine jetzige Entfaltung vollzieht sich langsam aber unwiderstehlich an der Hand des Staatsgesetzes. So weit er nicht als Messias auftritt, sondern als Reformator haben wir ihn willkommen zu heissen, da er wol schwerlich befähigt sein wird, die wirtschaftliche Seeligkeit Aller herbeizuführen, aber vieles Besserungsbedürftige vorfindet und in sich Kräfte trägt, welche dem Nutzen des Ganzen wirksam dienen werden.

Achtes Capitel.

Entwickelungsgesetze.

Die wirtschaftlichen Handlungen vollziehen sich grösstenteils als Änderungen am Gebiet des Eigentumsrechtes. Die Geschichte des Eigentums ist zugleich Geschichte des Wirtschaftsorganismus. Ursprüngliches Vorherrschen des individuellen Eigentums, hiemit — da jeder für sich selbst erwarb — des Egoismus. Die Periode der Feldgemeinschaft und ihre zwei Formen: Cooperation und periodische Verteilung. Altruistische Natur derselben. Entstehen der öffentlich-rechtlichen Organisationen: Ihre Stabilität. Zweite Periode des individuellen Eigentums, neuerliche Herrschaft des Egoismus. Wellenförmige Bewegung: Abwechselndes Übergewicht des Altruismus und des Egoismus. Allmäliges Wachstum der altruistischen Kreise. Dieselben sind concentrisch: die kleinen durch die grossen mit umfasst. Ihr Wechselverhältniss und ihre Bedeutung. Theorie Rodbertus': Abwechselnde Herrschaft des „Communismus und des Individualismus" und Ursachen dieses Wechsels. Fortschritt der Erkenntniss fördert den Altruismus. Es ist zweifelhaft, ob nicht ein grosser Teil der wirtschaftlichen Functionen dem Egoismus für immer wird vorbehalten bleiben.

Zweck der wirtschaftlichen Handlungen ist Beschaffung der materiellen Mittel zur Befriedigung der menschlichen Bedürfnisse. Diese Beschaffung wird durch Veränderungen in den Vermögensverhältnissen der Menschen bewirkt, mit andern Worten durch Veränderungen in der Sphäre des Eigentumsrechtes. Nicht unbedingt notwendig ist allerdings die wirtschaftliche Handlung mit einer Veränderung der Eigentumsverhältnisse verbunden, sofern die wirtschaftlichen Handlungen so alt sind als das

Menschengeschlecht, folglich gewiss älter als das Eigentumsrecht. Aber mit Überwindung von Zuständen, welche vor aller historischen Erfahrung liegen und selbst mit Hülfe der vergleichenden Ethnographie kaum reconstruirt werden können, tritt auch die Verknüpfung der Wirtschaft mit dem Eigentum ein, so dass die Geschichte des Eigentums zugleich Geschichte der wichtigsten Veränderungen im Wirtschaftsorganismus ist und eine Geschichte der Wirtschaft nicht geschrieben werden kann, ohne bis zu einem gewissen Grade zu einer Geschichte des Eigentums zu werden. Wir haben den Beweis unternommen, dass im Anbeginn der Entwicklung des Eigentums dasselbe in der Form der freien Herrschaft einzelner Individuen über die Sachen als individuelles Eigentum aufgetreten sei[1]). Nachdem jedermann bei diesem Umstand was immer er erwarb für sich selbst erwarb, wird die betreffende Periode durch die Herrschaft des Egoismus gekennzeichnet. Derselbe tritt in der Form des Selbstsinns, später auch in der des Eigennutzes auf, während der Altruismus zu Anbeginn nur soweit die natürlichen Lebensbedingungen der Menschen es erfordern zur Geltung gelangte. Hiemit ist ein Gesetz gegeben, welches, sofern die auf das Eigentum bezüglichen Feststellungen stichhaltig sind, auf die Urgeschichte aller Völker Anwendung findet.

Das ursprünglich individuelle Eigentum wurde aus Ursachen, deren Erörterung nicht hierher gehört, durch Rechtsformen verdrängt, denen gemäss Subject der Eigentumsrechte, namentlich an Immobilien nicht wie in der ersten Periode einzelne Individuen, sondern grössere oder kleinere Gemeinschaften waren. Das ist die von Laveleye entdeckte Periode der Feldgemeinschaft, welche man als die ursprünglichste hielt, weil die Römer, Germanen und andere Culturvölker in dieser Periode standen, als sie den Schauplatz der Geschichte betraten: Weil man von älteren Eigentumsformen nichts wusste, nahm man an, dass keine existirt haben. Diese Feldgemeinschaft kann von zweierlei Art sein. Eine ihrer Formen wird dadurch gekennzeichnet, dass sie keine Sondernutzung zulässt, alle Teilhaber der

---

[1]) S. oben Cap. II S. 33 f.

Gemeinschaft vielmehr gemeinsam anbauen und ernten, was durchaus kein seltener Fall ist. Hierher gehören die alten Römer[1]), die Griechen der liparischen Inseln um die 50te Olympiade[2]), die alten und modernen Inder[3]), die Russen[4]), in Afrika die Kabylen Algiers[5]), die Bewohner der Gold- und Congoküste[6]), in Nordamerika die Huronen, Cherokee[7]), Natchez[8]), die Assinais, sowie überhaupt die Völker von Carolina[9]) und Florida, in Mittelamerika die Bewohner von Panama[10]), die Cariben[11]), in Südamerika das grosse Volk der Tupi und Guarani[12]), die Orinocovölker[13]) und die Otomaken[14]), in Asien die Tscheremissen[15]). In diesen Fällen kommt der Altruismus im Lauf des ganzen Productionsprocesses ununterbrochen zur Geltung. Bei mehreren der genannten Völker ging die Gemeinschaft so weit, dass sogar der Consum gemeinschaftlich vorgenommen und die Malzeiten in Gemeinschaft verzehrt wurden. So bei den Inselcariben, den Völkern am Orinoco und den Griechen der liparischen Inseln. Allgemeine Regel scheint es aber nie gewesen zu sein.

Dieser Form der Feldgemeinschaft steht diejenige gegenüber, welche in einer periodischen Neuverteilung des der Gemeinschaft zu Eigen gehörenden Bodens zur Nutzung unter die einzelnen Familienhäupter besteht. Diese Form ist nachweislich mehrfach aus der ersterwähnten hervorgegangen, mag aber anderwärts unabhängig von ihr entstanden sein. Unter diese Kategorie zählen die Germanen (nach den bekannten Stellen bei Cäsar und Tacitus), die Geten (Horac. Carm. III. 24), die Dalmaten, Bretonen[16]) und celtiberischen Vacceer[17]) des Altertums; ausserdem wurde in Irland, der Walachei, Sardinien und in Teilen Russlands[18]) die nämliche Organisation nachgewiesen. Von asiatischen Völkern sind hier vor Allem die Chinesen und

---

[1]) Mommsen, Röm. Gesch. I. 187. — [2]) Laveleye, De la propriété. Paris. 2. Aufl. 1877. — [3]) Maine, H. S. Ancient law. 7. Aufl. Lond. 1878. p. 260 ff. — [4]) Laveleye p. 10 ff. — [5]) l. c. 97. — [6]) Laveleye 100. — [7]) Waitz, Anthropologie der Naturvölker III. 180. — [8]) l. c. 80, 184. — [9]) l. c. 80. — [10]) Daselbst IV. 349. — [11]) l. c. III. 374, 324. — [12]) l. c. 425. — [13]) Laveleye 101. — [14]) Peschel, Völkerkunde 261. — [15]) Laveleye. — [16]) l. c. 102. — [17]) l. c. 81. — [18]) l. c. 102, 103, 104.

Achtes Capitel.

Koreaner[1]), die Bewohner des glücklichen Arabien (im Altertum)[2]), die Inder um Madras[3]), die Kolh (Dravidas in Indien)[4]), die Javanesen[5]) und Afghanen[6]) zu nennen; in Afrika die Yoloffs an der Goreaküste[7]), in Australien die Pelewinsulaner; in Amerika die zwei Hauptvölker: Peruaner[8]) und Mexicaner[9]), die Bewohner von Nicaragua, von Neuengland[10]), die Creeks[11]) und Cariben von Cumana.

Diese Aufzählung, welche die wichtigsten Culturvölker umfasst, ist keineswegs erschöpfend, aber doch reichhaltig genug, um den Gedanken an ein bloss zufälliges Übereinstimmen der Agrarverfassungen in Bezug auf die Feldgemeinschaft vollkommen auszuschliessen. Die letztere ist ein wesentlich altruistisches Factum. Auch wo eine periodische Neuverteilung des Ackerbodens stattfindet, bleibt dieser Satz richtig: Der Altruismus kommt bei der Verteilung zur Geltung. Die Production und der darauf fussende Gewinn vollziehen sich dann zwar egoistisch, allein sie sind einem Altruismus untergeordnet, welcher ihre Voraussetzungen und Grundlagen schafft und regelt.

In dieser Periode bilden sich feste Organisationen von Gemeinden und Staaten. Ein gewisser Fortschritt über die primitiven Verhältnisse hinaus scheint mit der Feldgemeinschaft unabänderlich verbunden zu sein[12]). Hiemit wird — man denke an die sich frühe entwickelnde Straf- und Civilgerichtsbarkeit — ein gewisser Einfluss des organisirten Altruismus dauernd befestigt, auch häufig ein öffentliches Gut geschaffen, welches in keiner der folgenden Perioden mehr beseitigt wird. Trotzdem zerfällt die Feldgemeinschaft und an ihre Stelle tritt eine neue Herrschaft des individuellen Eigentums. Namentlich werden die Immobilien grösstenteils wieder Eigentum einzelner Personen und Verkehrsobject, der Einzelne ist in der Ansammlung von Vermögen nicht mehr beschränkt, der Egoismus hat wieder annähernd

---

[1]) l. c. 143. — [2]) l. c. 81. — [3]) l. c. 105. — [4]) Friedr. Müller, Ethnographie. 2. Aufl. S. 470. — [5]) Laveleye 50 ff. — [6]) Laveleye. — [7]) l. c. 100. — [8]) Waitz IV. 403—470. — [9]) a. a. O. 76—79. — [10]) Waitz III. — [11]) Das. 129, 80. — [12]) Dargun, Ursprung und Entwicklungsgesch. d. Eigentums. S. 39 ff.

freien Spielraum. Im germanischen Teil Europas vollzieht sich der Übergang durch Vermittlung des Lehenwesens, welches im Vergleich zur Feldgemeinschaft egoistisch ist. Einerseits wird der Lehensherr als Eigentümer des Lehensgutes angesehen, andererseits ist der Lehensmann ihm gegenüber in ökonomischer Beziehung nur sehr locker gebunden. Da sich die Lehenshierarchie als völlig unzureichend zur Wahrung der Interessen der Gemeinschaft zeigte, erfolgte die Zerstörung der Lehensverbände zuerst in den Städten, später, im Anschluss an die daselbst bereits abgeschlossene Entwicklung, durch Vermittlung der Reception auch im Landrecht.

Die Entwicklung geht allgemein vom individuellen Eigentum zum Gemeineigen, von diesem zurück zum individuellen und strebt nun nach übereinstimmender Ansicht der Nationalökonomen von Neuem zu mannigfachen Formen des Gemeineigentums. Ausserhalb der privatrechtlichen Eigentumsinstitution ist mittlerweile eine wirtschaftliche Organisation öffentlich-rechtlicher, altruistischer Natur entstanden, ein constantes von dem Wechsel der Eigentumsverhältnisse relativ unabhängiges Element der Wirtschaft. Zum Teil ist wol der Staat Eigentümer verschiedener Sachen und als solcher den Grundsätzen des Privatrechts unterworfen, daneben steht das dem Rechtsverkehr entzogene öffentliche Gut, dessen Eigentumsqualität von angesehenen Staatsrechtslehrern bestritten wird. Diese Gesammtmasse nach altruistischen Grundsätzen verwalteter Güter bildet aber nur einen, wenn auch nicht unbedeutenden Bruchteil des Volksvermögens, an dessen grösserer Hälfte also sich die bezeichneten an das Eigentumsrecht anschliessenden Wandlungen ungestört vollziehen. In Bezug auf dieses Recht aber ist eine wellenförmige Bewegung, eine abwechselnde Vorherrschaft von Altruismus und Egoismus constatirbar. Die neu entstandenen altruistischen Formen sind den früheren niemals gleich. Vielmehr umfassen sie regelmässig einen grösseren Teil der wirtschaftlichen Vorgänge, so dass mit dem Fortschritt der Verhältnisse ein allmäliges Wachstum des Altruismus Hand in Hand zu gehen scheint. Der Kreis von Individuen, auf welche der wirtschaftende Mensch Rücksicht zu nehmen hat, ist in beständigem

Wachstum begriffen. Von Urbeginn an handelt der Mensch für seine Kinder, seit sehr früher Zeit verfolgt er das wirtschaftliche Wohl seiner übrigen Familie; ein Mitglied derselben arbeitet für das andere. Später folgt die wirtschaftliche Betätigung für ein Gemeinwesen, einen Stamm, für den Staat, für eine kirchliche Gemeinschaft, endlich für die ganze Menschheit. Diese Bewegung findet gleichsam in concentrischen Kreisen statt, in dem Sinn: dass der grössere Kreis derer für welche gehandelt wird, in der Regel nicht bloss die isolirten Individuen, sondern auch die kleineren Kreise mitumfasst. Den Mittelpunkt der altruistischen Handlungen des Einzelnen bildet nach wie vor die Familie. In der wirtschaftlichen Sorge für die Gemeinde ist zugleich die wirtschaftliche Sorge für die Familie, in der wirtschaftlichen Sorge für den Staat zugleich die wirtschaftliche Sorge für die Gemeinde inbegriffen. Da nun das wirtschaftliche Gedeihen der grösseren Kreise wesentlich von dem der kleineren Kreise abhängt und der grössere Kreis um so weniger geeignet zu sein pflegt, den kleineren zu ersetzen, als die wirtschaftliche Sorgfalt für andere an Intensität verliert, so wie sie an Extensität gewinnt, darf die Schwächung des Interesses am wirtschaftlichen Gedeihen des kleineren Kreises nicht über einen gewissen Punkt fortschreiten, wenn der grössere Kreis dadurch nicht gleichfalls Schaden nehmen soll. Das System des Altruismus hängt auf das engste in sich selbst zusammen. Historisch gehen seine Organisationen in fast unmerklicher Weise in einander über, die Familie in den Stamm, der Stamm in den Staat. Wenn auch das ideale Ende dieser Entwicklung die wirtschaftliche Sorge für die ganze Menschheit wäre, so gilt hier doch, was vom Altruismus im Allgemeinen gesagt wurde: Sein Erfolg steht mit seinem Umfang nicht in gradem Verhältniss. Der Menschheit ist nicht damit gedient, dass der kleinere Kreis um der grösseren willen vernachlässigt wird und die Interessen derselben unmittelbar vor denen der kleineren bevorzugt werden, wie es etwa die Socialisten tun, indem sie sich dem Familienverbande feindselig gegenüberstellen. Die Tätigkeit für den grösseren Kreis ist naturgemäss weit schwieriger, daher weniger sicher und oft weniger erfolgreich als die für den kleineren. Man darf nie vergessen, dass der Zweck aller altruistischen Handlungen die Wohlfahrt der Individuen ist und dass die Organisationen des Altruismus nur so weit eine Existenzberechtigung haben, als sie diesen Zweck erfüllen. So kann denn der kleinere altruistische Kreis vollkommener sein als der grössere und es kann im Interesse der ganzen Menschheit liegen, dass er einem grösseren gegenüber seine Selbständigkeit behaupte. Die angreifenden Perser — Untertanen eines einzigen riesigen Staates — zählten nach Millionen, die griechischen Verteidiger — vielen kleinen Staatswesen angehörig — kaum nach Hunderttausenden; dennoch wurde durch den Sieg der letzteren der ganzen Menschheit ein unschätzbarer Dienst geleistet. Der grössere Kreis kann mit Vorteil den kleineren erst dann absorbiren, wenn er ihn in seinen Functionen entweder vollkommen vertreten oder sich seiner zur Cooperation bedienen kann und dieses ist das regelmässige Verhältniss. Jenes Absorbiren ist dann keineswegs zugleich ein Vernichten, vielmehr ein Beschützen und eine innige Verbindung zur Erfüllung der gemeinsamen Zwecke.

Interessant sind in Bezug auf diese Verhältnisse die von Rodbertus in seinem Werke über das Kapital[1]) niedergelegten Resultate: „In allen grossen weltgeschichtlichen Bewegungen", sagt er, „ist die tiefste und wesentlichste Frage immer noch die gewesen, wie weit sich der Kommunismus[2]) verallgemeinern lässt ohne die Gefahr, die neuen, in seinen weiteren Kreisen gesuchten Vorteile zu verfehlen und die bisherigen in den engeren Kreisen erzielten noch dazu zu verlieren. Das Maass der Verallgemeinerung ist aber ein bedingtes: bedingt durch den Grad der Wirksamkeit der Teilung der Arbeit, der inneren Stärke der ethischen Ordnung und der Höhe und Übereinstimmung des Volksbewusstsein." Zur Erkenntniss einer abwechselnden Herrschaft von Altruismus und Egoismus: „Kommunismus und Individualismus", wie Rodbertus sich ausdrückt, ist der letztere gleichfalls und

---

[1]) S. 91 ff. Note. — [2]) Über den Begriff, welchen Rodbertus mit diesem Namen verbindet, vgl. das. S. 93 Note. Der Ausdruck „Kommunismus" wird gewöhnlich in anderem Sinne gebraucht, ist daher missverständlich und wäre hier besser vermieden worden.

zwar auf einem von dem unsrigen gänzlich verschiedenen Wege gekommen: Der Fortschritt des socialen Lebens besteht nach Rodbertus in nichts als einer **Steigerung der allseitigen, dreieinigen Gemeinschaft** (im geistigen, ethischen und wirtschaftlichen Leben der Menschen), einer Steigerung, die intensiv und extensiv vor sich geht, extensiv sich nach und nach über den **ganzen Erdkreis verbreitend**, intensiv, sich in jeder Lebenssphäre erhöhend[1]).

„Andererseits sei der Individualismus berechtigt, **unvollkommenere** und in ihrer Unvollkommenheit ausgelebte **kommunistische Formen** zu zerstören, aber nicht um demnächst auf der leeren Stätte sich selbst genug zu tun, sondern nur um **andern, neuen, aber vollkommeneren** kommunistischen Formen den Platz zu ebnen. Ist der Dienst getan, so begnügt sich der geschichtliche Lebenstrieb mit nichten mit jenem individualistischen Gesellschaftsgetriebe[2]). Er drängt vielmehr um so unwiderstehlicher zu neuen organischen Bildungen hin. Das sociale Leben büsst in solchen Umbildungsperioden niemals seine Continuität ein....." „So folgen höhere, vollkommenere Gemeinschaftsformen auf die niederen, diese müssen erst vergehen, damit die ersteren überhaupt nur entstehen könnten. Ausgelebte kommunistische Formen zu zerstören, um vollkommeneren den Platz zu ebnen, ist Sache des socialen Individualismus. Seine Phase bedeutet nichts anderes, als einen solchen Vergehens- und Auflösungsprocess einer niederen Staatsordnung in eine höhere[3])." So weit Rodbertus.

Sofern unser Egoismus überhaupt jenem Individualismus entspricht, dessen zeitweilige Herrschaft Rodbertus geschildert hat — und tatsächlich stehen sich die beiden Begriffe ziemlich nahe — halten wir letztere Schilderung nicht für vollkommen zutreffend. Der Egoismus hat allerdings in seiner Herrschaft mit dem Altruismus abgewechselt, aber die Perioden dieser Herrschaft trugen keineswegs den Charakter blosser Übergangsperioden. Sie waren sowol an Dauer, als an historischer Wich-

---

[1]) Kozak, Rodbertus. S. 39. — [2]) Über den Individualismus bei Rodbertus vgl. Kozak S. 71—74. — [3]) a. a. O. S. 69.

tigkeit denen des vorherrschenden Altruismus ebenbürtig, wo nicht überlegen Die auf den Egoismus basirte römische Eigentumsordnung hat sich bekanntlich nicht nur bei sehr langer Herrschaft erhalten, sondern schliesslich auch die wirtschaftliche Welt erobert. Das von Rodbertus aufgestellte Gesetz mitsammt der Darlegung der maassgebenden Ursachen bleibt nichtsdestoweniger richtig.

Der Untergang der altruistischen Organisation scheint uns durch die Erkenntniss der Unzulänglichkeit der durch die erstere verwendeten Mittel zur Erfüllung des wirtschaftlichen Zweckes herbeigeführt zu werden. Der Glaube, solche Mittel gefunden zu haben, Mittel, welche zielbewusst auf altruistischem Wege die Beschaffung der wirtschaftlichen Güter bewirken, führt dann zu erneuerter Herrschaft des Altruismus: Ein wirklicher oder vermeintlicher Fortschritt der Erkenntniss ist es, der diese Änderungen verursacht. Es ist wol zu hoffen, durch das fortgesetzte Forschen auf ökonomischem Gebiete werde diese Erkenntniss einmal zu unbestreitbarer Sicherheit gedeihen. Bis dahin werden Zweifel bestehen, ob nicht für immer ein sehr beträchtlicher Teil der wirtschaftlichen Leistungen dem Egoismus wird vorbehalten bleiben; bis dahin wird auch voraussichtlich die abwechselnde Vorherrschaft von Altruismus und Egoismus fortdauern, begleitet von der Tendenz das vom Altruismus allein beanspruchte Gebiet nach der Richtung des Ideals, des Wirkens für die gesammte Menschheit zu erweitern, ohne dass man diesem Ideal ausser in gewissen, sehr beschränkten Einzelnheiten auch nur nahe käme und ohne dass man daran denken oder es für jetzt wünschen könnte, den wirtschaftlichen Egoismus vollständig zu verdrängen.

Printed by Libri Plureos GmbH
in Hamburg, Germany